SCÈNES

DE

LA VIE RÉELLE

PAR

Mlle V. NOTTRET,

Maîtresse de Pension.

PARIS   LEIPZIG

LIBRAIRIE DE P. LETHIELLEUX,   L. A. KITTLER, COMMISSIONNAIRE,

Rue Bonaparte. 66.   Querstrasse. 34.

H. CASTERMAN

TOURNAI.

SCÈNES

DE LA VIE RÉELLE.

SCÈNES

DE

LA VIE RÉELLE

PAR

Mlle V. NOTTRET,

Maîtresse de pension,

PARIS   LEIPZIG

LIBRAIRIE DE P. LETHIELLEUX,   L.-A. KITTLER, COMMISSIONNAIRE,

RUE BONAPARTE, 66.   QUERSTRASSE, 34.

H. CASTERMAN

TOURNAI.

1865

SCÈNES

DE LA VIE RÉELLE.

I

LES AMIES DE PENSION.

S'il est une vérité incontestable, et qu'un coup d'œil jeté sur la société rend plus frappante encore, c'est l'influence que peut exercer autour d'elle une femme sincèrement pieuse, dévouée à tous ses devoirs, douée d'inclinations nobles et généreuses. Elle devient pour sa famille, pour ses amis, une providence visible ; étrangère à tout sentiment de vanité et d'envie, elle ne cherche qu'à exciter dans les cœurs l'amour du bien, à faire régner partout l'union et la concorde. Elle ne se laisse ni éblouir par la prospérité ni accabler par l'infortuue, et, semblable à un ange envoyé du ciel, elle ne traverse la vie que pour y remplir une mission toute de paix et d'amour.

C'est ordinairement dès la plus tendre jeunesse que se révèlent les penchants du caractère et les aspirations de l'ame; mais il n'en est pas moins certain que si l'on rencontre parfois dans le monde de ces créatures d'élite qui semblent destinées à répandre autour d'elles le parfum de leurs douces vertus, c'est que d'heureuses circonstances et une sage et pieuse éducation ont développé les dons que la nature leur avait départis.

Elise Merfeuil (l'aimable héroïne de ce récit), était née dans une de ces situations, où le cœur se forme aisément à l'amour du bien, et se trouve initié, pour ainsi dire, à son insu, à tout ce qu'il y a de noble, de beau sur la terre.

Elle était l'unique enfant d'un professeur du Lycée de Melun, d'un de ces hommes bons, modestes, consciencieux qui regardent leur mission comme un sacerdoce, et ne connaissent d'autres jouissances que l'accomplissement de leurs devoirs et les joies pures du foyer domestique. Il avait choisi pour compagne une femme éclairée, tendre et dévouée, de sorte que les premières impressions qu'Elise reçut à la maison paternelle étaient certes de nature à élever ses pensées et à épurer ses sentiments.

Son éducation ne fut point d'abord confiée à des mains étrangères ; sa mère fut sa première institutrice, et, sans exercer sur sa fille une contrainte pénible, elle ne négligea aucune occasion de lui donner ses affectueux conseils.

Lorsqu'Elise fut familiarisée avec les connaissances élémentaires, M. Merfeuil se plut à orner lui-même son esprit, et, en parcourant l'histoire avec elle, il lui faisait partager l'admiration que lui-même éprouvait pour les traits d'abnégation, de grandeur d'ame qu'offrent parfois les annales des peuples anciens et des peuples modernes.

Elise avait une imagination vive et enthousiaste, mais sans manifester cependant cette exaltation d'idées qui entraîne pour tant de jeunes filles les plus funestes con-

séquences; et ce qui charmait surtout en
elle, c'était l'aimable simplicité de son langage et de ses manières.

Mademoiselle Merfeuil était donc de la
part de ses parents l'objet des soins les plus
éclairés et les plus assidus; elle grandissait
paisiblement entourée de leur tendre affection, et pourtant il y avait parfois dans son
regard une expression triste et rêveuse, et
l'on ne voyait pas rayonner sur son visage
cette gaieté folâtre et insouciante qui anime
d'ordinaire la jeunesse. C'est qu'il y avait
dans le milieu où elle vivait, quelque chose
de bien propre à donner à ses idées une maturité précoce, à lui faire entrevoir que la
vie a souvent des jours amers et douloureux.

En effet, M. Merfeuil, tout entier aux obligations sérieuses de sa profession, se dépouil-
lait rarement d'une austère gravité, et sa
compagne, pâle et maladive, était presque
toujours en proie à une mélancolie douce,
résignée qu'elle s'efforçait vainement de dissimuler, et qui n'était sans doute que le pres-
sentiment de sa fin prématurée.

Quand Elise lui prodiguait ses caresses,

madame Merfeuil versait parfois quelques
larmes involontaires sur la tête blonde de sa
fille chérie qu'elle craignait de ne pouvoir
longtemps guider dans la vie. Lorsque le
regard de l'enfant rencontrait alors le sien,
c'était pour toutes deux un moment d'indicible émotion ; pas un mot n'était échangé,
mais Elise comprenait qu'une douleur profonde brisait l'ame de sa mère, et c'était là
pour elle une révélation déchirante qui gla-
çait le sourire sur ses lèvres, et donnait à
ses pensées une teinte grave et sérieuse.

Madame Merfeuil devint de plus en plus
languissante, et sa fille comptait à peine
quatorze ans quand arriva le moment suprême où elle reçut les derniers adieux de celle
qui l'avait tant aimée. Ce fut dans l'humble
demeure du professeur un jour de deuil et de
désespoir ; toutefois la religion vint offrir ses
consolations sublimes à la pauvre mourante
et aux objets de sa vive affection.

M. Merfeuil cachait sous des dehors froids
et sévères une ame sensible et impressionnable ; aussi cet événement le plongea-t-il dans
un amer découragement, et la perte de cette

compagne bien-aimée, associée depuis quinze années à toutes ses pensées, à tous ses désirs, à toutes ses espérances, devait laisser en lui une trace douloureuse et ineffaçable.

Elise sentit vivement aussi l'absence de cette amie si dévouée, toutefois sa douleur fut calme et presque résignée ; ses pieuses croyances lui disaient que cette séparation ne devait point être éternelle, et, en levant les yeux vers le ciel, il lui semblait voir encore sa mère lui sourire et lui promettre de veiller toujours sur elle.

Elise était dès lors la seule joie de M. Merfeuil : c'était l'ame de son foyer où la mort venait de frapper un coup si cruel. Il eût voulu la garder à ses côtés, et pouvoir chaque jour, en rentrant au logis, arrêter ses regards sur ce doux et pur visage ; mais il avait peur, en réalisant son désir, de céder à un sentiment égoïste, car il voulait que sa fille n'ignorât rien de ce qui est nécessaire à son sexe, et il craignait de ne pouvoir seul suffire à cette tâche. Il s'alarmait en outre de l'idée qu'Elise seule avec lui dans cette maison où tout lui rappelait le souvenir de sa mère, se plongerait dans une tristesse profonde qui pourrait lui devenir funeste. Il résolut de la placer en pension pour quelques années, et, d'après les conseils d'un de ses amis, il fit choix d'un établissement situé à Chaillot et qui jouissait d'une excellente réputation, non-seulement à cause de l'habile direction imprimée aux études, mais grâce encore aux efforts que faisait madame Delmond, la directrice de cette maison, pour donner une bonne et pieuse éducation aux jeunes filles qui lui étaient confiées.

C'était pour Elise un grand sacrifice que de s'éloigner de son père ; il fut adouci pour elle par la ferme résolution que prit l'aimable enfant, en quittant la maison paternelle, de ne rien négliger pour répondre aux intentions de M. Merfeuil, pour acquérir les talents, les connaissances qu'il devait être heureux plus tard de trouver dans sa fille.

Quand vint le moment de la séparation, quand son père l'eut remise aux mains de madame Delmond, et lui donna le baiser d'adieu, Elise fut assez maîtresse d'elle-même pour ne pas ajouter à l'émotion qu'éprouvait M. Merfeuil, en lui laissant voir les sentiments qui l'agitaient elle-même. Elle se trouvait pourtant bien triste, bien mal à l'aise dans cette maison où tous les visages lui étaient étrangers, où tous les regards se fixaient sur elle avec une vive curiosité.

La vie solitaire qu'Elise avait menée jusque-là, jointe à une disposition naturelle de son caractère, lui avait laissé une excessive timidité; aussi fut-elle fort embarrassée quand la directrice la conduisit pour la première fois dans la cour de récréation, et qu'elle se vit entourée d'un essaim de jeunes filles folâtres et rieuses.

Mademoiselle Merfeuil était tout émue encore de sa dernière entrevue avec son père; aussi la gaieté qu'elle voyait rayonner sur tous les fronts formait-elle un contraste étrange avec les idées tristes et graves qui remplissaient son esprit. Elle remarqua bientôt une autre jeune fille qui, entrée seulement depuis la veille, se trouvait dans une situation analogue à la sienne, et promenait comme elle un regard pensif sur leurs nouvelles compagnes qui sautaient, se poursuivaient en tous sens, lançaient la balle et le cerceau, ou faisaient décrire dans l'air à de légers volants mille courbes capricieuses.

Toutes deux se rapprochèrent par un mouvement instinctif, et échangèrent bientôt quelques mots. Pauline Darcy (ainsi se nommait la nouvelle pensionnaire de madame Dalmond), était à peu près de l'âge d'Elise ; mais son extérieur différait singulièrement de celui de mademoiselle Merfeuil. Celle-ci n'avait point reçu les agréments physiques en partage, et elle eût certes passé inaperçue dans ces réunions où la beauté, la grâce attirent seules des louanges et des hommages ; mais pourtant sa physionomie avait tant de douceur, son regard avait une expression de bonté si touchante que les regards s'arrêtaient sur elle avec plaisir, avec intérêt.

Pauline, au contraire, se distinguait par la délicatesse, la régularité de ses traits, et nul ne pouvait nier qu'elle ne fût jolie, car sa chevelure noire, abondante et soyeuse, faisait pardonner aisément la nuance un peu foncée de son teint ; mais son sourire était fier et dédaigneux, son attitude révélait un violent orgueil, une volonté énergique et impérieuse.

Mademoiselle Darcy était la fille d'un lieutenant-colonel d'infanterie; elle avait perdu sa mère dès sa plus tendre enfance, et, après quelques années de veuvage, son père avait contracté de nouveaux liens. Il s'était uni à une jeune fille presque sans fortune, mais qui avait reçu une excellente éducation, et que les qualités de son cœur, de son esprit rendaient bien propre à faire le bonheur d'un époux. Elle avait compris tous ses devoirs envers l'enfant dont elle était devenue ainsi la mère, et Pauline avait constamment trouvé en elle une tendresse éclairée, une sollicitude vigilante. Malheureusement la jeune fille n'avait pas toujours répondu à ses soins; elle se montrait souvent dédaigneuse, injuste à son égard, car elle souffrait de ne plus posséder seule l'affection de son père. Aussi avait-elle vu avec un amer regret la naissance de deux filles et d'un fils dont madame Darcy était devenue mère.

Bien loin d'éprouver pour ces enfants aucun sentiment d'amitié, elle ne voyait

qu'avec dépit les caresses que leur donnait
M. Darcy. Leur gentillesse, leurs grâces
naïves ne désarmaient pas sa jalousie ; elle
savait que, grâce à la dot de sa mère qui
devait lui appartenir tout entière, elle se
trouverait un jour dans une position de fortune bien supérieure à la leur, et cette pensée
ajoutait encore à son orgueil.

Les bontés de sa belle-mère n'excitaient
en elle ni attachement, ni reconnaissance, et
pourtant madame Darcy savait, avec une
générosité touchante, voiler aux yeux de
son époux les défauts de Pauline. Celui-ci
chérissait tendrement sa fille aînée ; il aimait
à voir son intelligence croître et se déve-
lopper ; aussi avait-il voulu la garder le plus
longtemps possible auprès de lui, et ce n'est
qu'avec regret qu'il s'était décidé à s'en
séparer. Il aurait pu la placer dans la maison
royale de Saint-Denis ; mais sa femme lui
avait demandé en mourant de confier l'éducation de leur enfant à madame Delmond
qui l'avait elle-même élevée, et c'était pour
se conformer à cette volonté suprême qu'il
avait conduit sa fille dans ce même établisse-

ment, que M. Merfeuil avait choisi pour sa chère Elise.

Les deux jeunes filles, en se trouvant ainsi pour la première fois en présence, furent amenées naturellement à parler de leurs familles, et Pauline sut bientôt que si Elise portait des vêtements de deuil, c'est qu'elle avait à déplorer la mort récente de sa mère; comme la jeune orpheline versait quelques larmes en rappelant ce douloureux souvenir :

— Vous pleurez, lui dit-elle, je ne m'en étonne pas, car vous avez fait une perte irréparable; mais pourtant vous êtes plus heureuse encore que moi, car vous avez joui de ses caresses, et ses traits sont sans doute gravés dans votre cœur, tandis que je n'ai point connu la mienne. J'étais encore au berceau quand elle nous a été enlevée, de sorte que je ne me rappelle même pas avoir entendu sa voix, et je ne connais sa physionomie que par une miniature que mon père a conservée.

— Est-il possible? lui dit Elise, ah! je vous plains de n'avoir jamais senti tout ce qu'il y a de doux à vivre sous la tendre égide d'une mère.

Et, en disant ces mots, elle pressait avec effusion les mains de Pauline. Mademoiselle Merfeuil se sentait attirée vers la jeune fille par le malheur commun qui lui semblait établir une certaine analogie entre leurs destinées. D'ailleurs, mademoiselle Darcy avait parlé avec tant de chaleur et d'expression qu'Elise en avait été vivement émue.

Pauline avait, en effet, une certaine élévation dans les idées et un grand charme dans les manières ; aussi eût-elle été vraiment digne de la tendresse de mademoiselle Merfeuil, sans cet orgueil excessif qui la portait constamment à chercher à s'élever au-dessus des autres, et qui étouffait souvent sa sensibilité. Elise, dont l'ame était si aimante, si expansive, s'abandonnait avec confiance aux sentiments d'intérêt, de sympathie que sa nouvelle compagne lui inspirait, et croyait avoir trouvé en elle une amie.

Toutes deux furent placées dans la même classe, et y occupèrent bientôt les premières places, car la nature les avait douées d'une belle intelligence, et elles se sentaient animées du désir de se distinguer dans leurs études. Il est vrai que les mobiles qui les entraînaient étaient bien différents.

Pauline n'aspirait qu'à obtenir des succès, à recevoir des louanges; l'espoir du triomphe qu'elle ambitionnait lui faisait redoubler ses efforts, tandis qu'Elise se laissait aller naturellement à l'attrait qu'elle éprouvait pour les occupations intellectuelles, et oubliait toute pensée d'amour-propre pour ne songer qu'à son père dont elle voulait réaliser les espérances.

Il semblait que l'orgueil de mademoiselle Darcy eût dû l'éloigner de celle qui devenait ainsi sa rivale, et qui pouvait seule lui disputer le rang auquel elle aspirait; mais la modestie d'Elise était si parfaite, elle cherchait si peu à faire valoir son mérite que Pauline lui pardonnait de chercher à l'égaler, et n'en continuait pas moins à se rapprocher d'elle, car elle lui trouvait plus de ressources dans l'esprit que n'en avaient la plupart de ses compagnes.

Mademoiselle Darcy s'était montrée d'abord à Elise sous le jour le plus favorable, mais elle ne devait pas lui cacher longtemps son véritable caractère. Elle en vint peu à peu à parler de sa belle-mère en laissant voir l'éloignement que celle-ci lui inspirait. Mademoiselle Merfeuil ignorait les titres qu'avait madame Darcy à l'estime et à la reconnaissance de Pauline ; cependant elle trouva tant d'aigreur dans le langage de sa compagne, qu'elle en fut douloureusement émue ; ce fut bien pis encore quand la jeune fille lui laissa entrevoir que ses deux petites sœurs et son jeune frère n'avaient aucune place dans son cœur, et que leur présence lui était même importune et désagréable.

Elise l'écouta avec tristesse, avec étonnement ; elle reconnaissait qu'elle s'était trompée dans le choix de sa première amie, et c'était là certes un cruel désenchantement pour l'aimable Elise. Toutefois elle ne chercha point ailleurs une autre compagne dont les idées fussent plus en rapport avec les siennes, et elle ne s'éloigna pas de mademoiselle Darcy, car si Pauline avait des défauts il s'y mêlait aussi des qualités attachantes

qui enlevaient à mademoiselle Merfeuil le
courage de briser ses relations avec elle.

Quand elle voyait Pauline, cédant à quelque généreuse inspiration, s'empresser d'accomplir une bonne œuvre, ou exprimer avec
chaleur une pensée noble et délicate, oh !
alors, Elise se disait avec regret :

— Hélas! pourquoi faut-il qu'un si funeste
orgueil se soit insinué dans son ame, et fasse
douter par moments de la bonté de son cœur?
pourquoi faut-il qu'elle soit dominée par le
besoin impérieux de tenir le premier rang
partout où elle se trouve placée?

La liaison de mademoiselle Merfeuil avec
sa jeune compagne, ne devait point avoir le
même charme que si elle eût pu lui donner
sans arrière-pensée sa confiance et son amitié; toutefois, elle se promettait en revanche
d'user de toute son influence sur elle, pour la
ramener à des sentiments plus doux, à des
dispositions plus bienveillantes à l'égard de
sa belle-mère et des autres membres de sa
famille. Du reste, Elise avait peu de temps
à passer dans sa société, car presque tous
ses moments étaient remplis par le soin de

ses études, par sa correspondance avec son père, auquel elle faisait part des impressions qu'elle éprouvait, en même temps qu'elle lui redisait tous les incidents qui marquaient sa paisible existence.

Quelques semaines après l'entrée de Pauline et d'Elise à la pension, toutes les élèves se trouvaient en récréation dans le jardin, quand le cri joyeux :

— Une nouvelle! une nouvelle! retentit tout à coup parmi elles.

Et en effet, on vit bientôt paraître une des maîtresses conduisant une jeune fille de quatorze à quinze ans, dont la mise élégante et soignée faisait ressortir encore les avantages extérieurs. La délicatesse de ses traits, la fraîcheur de son teint, l'éclat de ses yeux bleu foncé formaient un ensemble charmant, et les larmes qui brillaient en ce moment dans son regard la rendaient plus attrayante encore.

La maîtresse s'avança vers Elise, et lui présentant la jeune fille :

— Je vous confie cette nouvelle compagne, lui dit-elle; elle se nomme Claire Belton ;

vous voudrez bien, n'est-ce pas? essayer de
dissiper son chagrin et la mettre au courant de la règle et des habitudes de la
maison.

— Je vous remercie de m'avoir choisie
pour accomplir cette tâche, répondit mademoiselle Merfeuil avec empressement.

Elle tendit la main à la jeune fille, et lui
dit d'une voix douce et amicale :

— Vous êtes bien triste aujourd'hui, mademoiselle, il en est toujours ainsi lors
qu'on vient de se séparer de sa famille, mais
d'ici à quelques jours votre mélancolie se
dissipera, et vous verrez que la vie de la
pension n'est pas sans agrément.

— Jamais je ne retrouverai ici ma gaîté,
fit Claire en fondant en larmes; ô ma mère!
ma mère!

Elise se méprit sur le sens de cette exclamation.

— Madame votre mère est donc bien éloignée de vous? demanda-t-elle avec intérêt.

— Oh! non ; elle habite Paris, et viendra
souvent me voir; mais j'ai toujours vécu à
ses côtés, et je ne pourrai m'accoutumer à

l'existence triste et uniforme que l'on mène dans cette maison.

— Détrompez-vous, vous comprendrez que vos alarmes ne sont pas fondées ; votre temps s'écoulera bien rapidement au milieu de nous ; vous formerez des liaisons avec quelques-unes de vos compagnes, et la plus grande partie de vos journées sera remplie par des études intéressantes et variées.

— L'étude ! oh ! je la déteste, fit impétueusement la jeune fille dont les pleurs redoublèrent ; faudra-t-il donc me soumettre sans cesse à cette contrainte rigoureuse et pénible?

Elise n'essaya pas d'arrêter ses larmes ; elle la regarda avec surprise, car elle trouvait fort étrange ce langage si peu en harmonie avec ses propres pensées. C'est qu'il y avait une immense différence entre son éducation, ses habitudes et celles de la jeune fille qui se trouvait en ce moment à ses côtés.

Claire avait été élevée par une mère frivole, imprévoyante, adonnée au plaisir, qui avait peu songé à developper dans sa fille des qualités solides qu'elle-même ne possédait

point. Madame Belton était demeurée veuve
après quelques années de mariage, et s'était
trouvée ainsi bien jeune encore maîtresse
d'une fortune assez considérable dont elle
était libre de disposer à son gré, car elle
l'avait tout entière apportée en dot à son
époux. Aussi n'avait-elle reculé devant aucune dépense afin de satisfaire son goût
pour le luxe et les jouissances mondaines.
C'était, du reste, une femme d'un cœur excellent, remplie de générosité et d'obligeance ;
mais elle manifestait dans tous ses actes,
dans tous ses discours cette funeste légèreté
qui formait le fond de son caractère. Elle
aimait tendrement Claire, qui était son unique enfant, et se montrait empressée à satisfaire tous ses désirs. Elle lui prodiguait de
jolies parures, et faisait alors sur sa beauté,
sur sa bonne grâce mille exclamations qui
n'échappaient point à la jolie enfant, et qui
développaient en elle une précoce et dangereuse vanité.

Jamais madame Belton n'avait compris la
gravité des obligations qu'elle avait à remplir envers sa fille; si elle l'avait accoutumée

à remplir ses devoirs religieux, c'était sans paraître y attacher d'importance, et plutôt pour se conformer à l'usage que pour obéir à la voix de sa conscience. Aussi Claire avait-elle grandi ainsi sans concevoir aucune pensée sérieuse, sans songer qu'il est d'autres règles à suivre que son bon plaisir; elle voyait sa mère constamment occupée des objets les plus futiles, et ses idées se portaient tout entières sur les bagatelles qui devaient orner sa toilette, et sur les plaisirs dont elle comptait jouir.

Dès que Claire avait été en âge d'apprendre, madame Belton avait confié son instruction à un professeur qui venait lui donner des leçons particulières; mais la jeune fille les écoutait avec une insouciance qui l'empêchait d'en tirer aucun profit. Madame Belton s'en inquiétait peu, et se disait intérieurement que la beauté de sa fille et la grâce de ses manières lui feraient aisément pardonner son ignorance. Elle n'avait nullement l'intention de la placer dans une maison d'éducation, quand elle reçut la visite d'un de ses frères qui habitait dans le midi de la France, et qui, plus

raisonnable et plus sensé, blâma énergiquement sa manière d'agir à l'égard de sa fille,
et lui conseilla de l'éloigner d'elle pendant
quelques années.

A cette pensée, Claire fit éclater sa douleur ; mais madame Belton avait laissé un
grand désordre s'introduire dans ses affaires ; elle avait à demander à son frère d'im-
portants services qui lui donnaient le droit de
parler en maître ; malgré sa répugnance, elle
promit de suivre ses avis, et c'est alors
qu'elle fit choix de l'établissement de madame Delmond.

Toutefois, en se séparant de sa fille, cette
femme imprudente ne lui adressa point ces
sages recommandations qu'une mère pieuse
et sensée n'oublie jamais en pareil cas, et
Claire n'apporta à la pension que des pensées
frivoles, que le désir de se soustraire à la
surveillance dont elle serait l'objet, et de
continuer à s'abandonner à toutes ses fantaisies.

Aussi pendant les jours qui suivirent son
installation, Claire versa-t-elle encore bien
des larmes ; ah ! c'est qu'il y avait loin de

cette existence monotone et laborieuse à la vie mondaine et semée de plaisirs qu'elle menait avec sa mère, et le souvenir des fêtes auxquelles elle avait déjà assisté revenait souvent à son esprit pour lui inspirer d'amers regrets.

Malgré sa légèreté, Claire n'était pas dépourvue de tout bon sentiment; ainsi elle avait trouvé à son arrivée Elise si pleine d'empressement, d'affabilité, qu'elle s'en montrait vivement reconnaissante; quoiqu'il y eût une opposition complète entre ses idées, ses goûts et ceux d'Elise Merfeuil, elle éprouvai une grande sympathie pour la douce et modeste jeune fille, et lui donnait des marques d'amitié, que mademoiselle Merfeuil accueillait avec bonté, tout en se disant que Claire n'était pas capable de ressentir un attachement sérieux et durable.

Ainsi Elise se trouvait liée avec deux jeunes filles vers lesquelles elle n'eût point été attirée sans doute si les circonstances n'avaient amené leurs relations, si elle n'avait consulté dans le choix de ses amies que ses inclinations personnelles. Quoi qu'il en fût, elle les aimait sincèrement, et ne négligeait aucune occasion d'agir utilement sur leur esprit.

Mademoiselle Belton se trouvait-elle dans quelque embarras, elle avait bien vite recours à Elise, soit pour la rapprocher d'une de ses compagnes qu'elle avait offensée par ses railleries, soit pour obtenir sa grâce d'une de ses maîtresses.

Ainsi, un jour où ses nombreuses étourderies lui avaient valu la privation d'une sortie, elle courut exprimer sa douleur à mademoiselle Merfeuil :

— Je suis désespérée, lui dit-elle, car ma mère avait arrangé pour ce jour-là une partie de plaisir charmante. Elle avait invité plusieurs de mes amies avec lesquelles nous devions faire au bois de Boulogne une promenade délicieuse, et nous livrer à mille divertissements. Voilà tous mes projets renversés ; j'en suis au désespoir, mais je compte sur vous, Elise, vous voudrez bien intercéder pour moi, on ne vous refusera rien à vous qu'on nous cite toujours comme un modèle de sagesse et de raison.

— Le croyez-vous? dit mademoiselle Merfeuil en souriant; mais alors même que j'aurais tout le pouvoir que vous me supposez, serait-ce vous rendre un bon service que de vous exempter d'une légère punition qui vous rendrait peut-être à l'avenir plus docile et plus studieuse? Or, c'est là le seul moyen de tirer d'heureux fruits de votre séjour ici.

— Ah! reprit Claire avec un sourire caressant, si vous obtenez ma grâce, je vous promets de veiller davantage sur moi-même; oh! oui, je m'efforcerai d'imiter votre exemple.

— Eh bien! alors; j'essaierai, dit doucement Elise en pressant la main de sa compagne, et elle s'achemina vers l'appartement de la directrice.

Aussitôt qu'elle eut été admise en sa présence, elle lui exposa d'une voix timide la demande qu'elle avait à lui faire, et la supplia de vouloir bien accorder à Claire la permission qui faisait l'objet de tous ses vœux.

— Chère enfant, lui répondit madame Delmond avec un regard bienveillant, j'aime à voir cette générosité qui vous porte à solliciter la grâce d'une de vos compagnes ; mais Claire apporte dans tous les exercices de sa classe une nonchalance, une légèreté qui doivent être réprimées. Elle a grand besoin de subir une épreuve qui la rende plus accessible aux conseils de ses maîtresses ; je ne puis donc rien changer à la détermination que j'ai prise.

— Pardonnez-moi d'insister, reprit respectueusement la jeune fille ; mais Claire a un si bon cœur qu'elle se montrerait touchée, reconnaissante de votre indulgence au point de faire les plus grands efforts pour se corriger ; je m'en porte garant pour elle.

Madame Delmond réfléchit quelques instants ; elle hésitait sur le parti qu'elle devait prendre :

— Elise, dit-elle enfin, je sais que votre conduite est digne des plus grands éloges, et que vos maîtresses trouvent constamment en vous une soumission, une ardeur au travail qui facilitent leur tâche. Aussi, je ne veux pas vous refuser une faveur que vous réclamez avec tant d'instance. Je vous charge donc d'aller dire à votre compagne que vous avez obtenu sa grâce, vous ajouterez tout ce que vous croirez nécessaire pour que je n'aie point à le regretter.

Elise remercia madame Delmond avec expression ; puis elle courut rejoindre sa compagne.

— Claire, lui dit-elle, ma démarche a complétement réussi, vous pourrez jouir demain de tout le plaisir que vous vous promettiez ; mais j'ai fait en votre nom des promesses que vous devez accomplir si vous ne voulez pas me causer bien du chagrin.

— Vous êtes une bonne, une excellente amie, s'écria mademoiselle Belton, en laissant éclater des transports de joie, et en l'embrassant avec effusion. Ah ! désormais, si je ne me montre pas partout empressée à remplir mes devoirs, vous n'aurez qu'un mot à m'adresser, et je le comprendrai bien vite.

En effet, à la suite de cet incident, Claire se laissa guider pendant quelque temps par les sages conseils d'Elise qui était en quelque sorte son mentor, mais un mentor bienveillant, dont les leçons douces et amicales n'effarouchaient pas la jeune étourdie.

Quant à Pauline elle était comptée parmi les meilleures élèves de la pension ; comme nous l'avons vu, elle s'adonnait à l'étude avec ardeur, et recevait souvent des éloges et des encouragements ; mais elle ne dissimulait pas toujours son caractère impérieux, et il lui arrivait alors d'entendre des réprimandes qu'elle ne supportait qu'avec beaucoup d'impatience.

Ainsi pendant la leçon d'anglais, miss Arbell, sa maîtresse, lui faisait un jour remarquer qu'elle avait mal compris le sens d'un passage de sa traduction, et l'avait interprété d'une manière fort étrange.

Ses compagnes sourirent avec malice ; Pauline, humiliée et mécontente, ne renferma pas en elle-même son dépit ; elle voulut soutenir son opinion, et eut recours aux arguments les plus absurdes ; elle oublia même un moment le respect qu'elle devait à sa maîtresse.

Celle-ci l'engagea alors à sortir de la classe pour reprendre du calme, ajoutant qu'elle ne l'admettrait à y rentrer que quand Pauline serait disposée à se soumettre à son autorité, et à reconnaître en présence des autres élèves les torts qu'elle avait eus.

Toutes fixèrent en ce moment leurs regards sur mademoiselle Darcy qui n'en fut que plus excitée à pousser sa résistance jusqu'au bout ; aussi s'avança-t-elle vers la porte en relevant fièrement la tête, et en promenant sur ses compagnes un regard ironique.

Ce petit incident fut porté à la connaissance de madame Delmond, qui ratifia la décision prise par miss Arbell. Toutefois, elle connaissait le caractère impérieux de Pauline ; elle n'essaya point de triompher sur-le-champ de son obstination, et elle résolut sagement d'attendre que la jeune fille se décidât d'elle-même à la réparation qu'elle devait accomplir.

Elise était péniblement impressionnée de la conduite de son amie ; aussi quand elles se retrouvèrent ensemble elle se hasarda à lui parler de ce qui s'était passé.

— Je le regrette vraiment, répondit mademoiselle Darcy, mais j'ai été entraînée à cela par les rires ironiques de ces demoiselles, et par les injustes réprimandes de miss Arbell qui m'ont mise pour ainsi dire hors de moi.

— Il y aurait un moyen de tout réparer, répondit doucement Elise.

— Ah ! je sais ce que vous voulez dire, m'humilier devant miss Arbell, et faire l'amende honorable qu'elle réclame; non, non, je préfère renoncer à tout jamais à l'étude de l'anglais.

— Et pourtant vous me disiez, il y a deux jours encore, que vous désiriez beaucoup posséder complètement cette langue ; combien ne regretterez-vous pas plus tard d'avoir, par votre faute, perdu l'occasion d'acquérir des connaissances qui pourraient être plus tard pour vous la source de tant d'agrément?

— Cela est possible, mon amie, mais il n'entre pas dans mon caractère de me soumettre à de telles exigences.

— Votre langage m'étonne, répondit tristement Elise, car vous devez sentir vous-même que miss Arbell ne pouvait agir autrement qu'elle ne l'a fait, et si vous vouliez faire la démarche qu'elle vous demande, vous pouvez être certaine que chacune de nous, au lieu de vous railler, applaudirait de grand cœur à votre conduite.

Pauline sourit d'un air ironique, et s'éloigna en faisant un geste qui attestait sa fière opiniâtreté.

Quelques jours plus tard, Elise vit arriver à elle mademoiselle Darcy tout émue et tout agitée.

— Qu'avez-vous donc? lui dit-elle avec empressement ; auriez-vous reçu quelque fâcheuse nouvelle?

— Oh! s'écria Pauline, je suis vraiment affligée ; madame Delmond a informé mon père de ma résistance aux volontés de miss Arbell. Or, je viens de recevoir une lettre de lui ; il exige, me dit-il, que je me soumette à la condition qui m'est imposée pour continuer l'étude de l'anglais, et il ajoute que si je persiste dans mon refus, je passerai les vacances à la pension, au lieu de l'accompagner dans un voyage charmant qu'il projette de faire à Orléans chez un de ses frères. Et pourtant, continua-t-elle avec animation, je me sens le désir de me priver de ce plaisir plutôt que de m'humilier devant mes compagnes.

— Vous humilier ! chère Pauline, oubliez-vous donc qu'il y a de la grandeur d'ame à reconnaître ses torts, à savoir les réparer ?

— Oh ! je me disais d'avance que vous m'engageriez à la soumission , mais je n'ai point votre caractère, et il me répugne de procurer un semblable triomphe à miss Arbell.

— Un triomphe ! détrompez-vous, ce n'est pas cela qu'elle ambitionne ; je suis persuadée qu'elle vous accueillerait sans condition, si elle ne craignait de produire un fâcheux effet sur l'esprit des autres élèves. Elle a bien souffert de votre obstination ; faites un pas vers elle, et elle viendra à vous avec empressement. Laissez-vous persuader, ma bonne Pauline, et vous en serez heureuse, vous comblerez de joie votre père qui serait désespéré s'il était obligé de se montrer rigoureux à votre égard ; vous consolerez madame Delmond que votre conduite a véritablement affligée, et enfin vous serez ainsi satisfaite de vous-même. Si vous le voulez, je vous aiderai, je faciliterai cette démarche autant qu'il sera en mon pouvoir, de manière que vous n'ayez pas

à vous imposer une contrainte trop douloureuse.

— Eh bien! soit! je verrai, j'essaierai,
reprit mademoiselle Darcy, ébranlée par les
douces instances de sa compagne.

Comme l'avait prévu Elise, miss Arbell
se montra empressée à recevoir la première
marque de regret, de repentir, donnée par son
élève, et bientôt Pauline reprit sa place au
cours d'anglais, où désormais sa maîtresse
n'eut plus un reproche à lui adresser.

C'est ainsi que tour à tour mademoiselle
Merfeuil exerçait une heureuse influence sur
l'une ou l'autre de ses deux amies, préludant
ainsi dans une sphère modeste au rôle généreux que ses nobles instincts devaient l'appeler à jouer plus tard dans la société.

II

LA DISTRIBUTION DES PRIX.

Près de trois années s'étaient écoulées depuis l'entrée des trois jeunes filles à la pension. Par une délicieuse soirée du mois d'août,
les élèves de madame Delmond s'étaient dis-
persées dans le vaste jardin de l'établissement,
et s'abandonnaient aux élans de la plus vive
gaîté. Cependant, elles ne se livraient pas à
leurs jeux ordinaires ; on n'en voyait pas se
poursuivre à la course, ni danser en chan-
tant quelque ronde gracieuse et légère ; elles
s'étaient réunies par groupes, et causaient
avec animation, entrecoupant leurs discours
par mille exclamations diverses.

C'est que c'était là pour elles la veille d'un grand jour, le lendemain devait avoir lieu la distribution des prix, le lendemain elles allaient revoir leurs familles, recevoir des couronnes, des applaudissements et quelques-unes enfin quitter pour toujours le paisible asile qui avait abrité leur jeunesse, et prendre leurs places dans le monde, dans ce monde où leurs rêves les avaient si souvent transportées.

Est-il un bonheur réel qui vaille celui que se plaisent à se créer pour l'avenir des imaginations jeunes et enthousiastes? la réalité n'est-elle pas toujours en-dessous des illusions de l'adolescence? aussi comme la joie rayonnait dans leurs regards ! comme tout semblait leur sourire.

Une d'entre elles cependant ne prenait point part aux gais entretiens de ses compagnes : c'était Elise Merfeuil. Elle s'était assise dans un bosquet écarté, et demeurait là solitaire et pensive. C'est qu'elle ne partageait point l'insouciance des autres jeunes filles, et des réflexions amères, douloureuses, troublaient le bonheur qu'elle éprouvait à la pensée d'être pressée le lendemain dans les bras de son père. Au lieu de s'élancer dans la vie avec ivresse, elle plongeait son regard dans l'avenir avec défiance, avec effroi.

Mademoiselle Merfeuil se rendait un compte assez exact de sa véritable situation de fortune pour ne pas se dissimuler qu'elle se trouverait sans doute aux prises avec des difficultés qui lui étaient encore inconnues. En effet, M. Merfeuil était un homme juste, économe, rangé, mais trop peu préoccupé des soins matériels pour avoir su se créer des ressources qui lui permissent de procurer à sa fille un établissement avantageux. Il ne possédait que le modeste revenu de sa place, et le produit de quelques leçons particulières ; aussi avait-il dû s'imposer de grands sacrifices pour faire face aux dépenses nécessitées par l'éducation d'Elise, et à mesure que la raison de l'aimable enfant s'était développée, il lui avait laissé entrevoir qu'elle ne serait point du nombre de ces privilégiées du sort qui voient le chemin de la vie s'ouvrir devant elles riant et facile.

Pendant les quelques entrevues qu'Elise

avait eues dans le courant de l'année avec M. Merfeuil, elle avait été frappée de l'altération de ses traits, de l'expression triste et anxieuse de son visage ; aussi quelque chose lui disait qu'un malheur la menaçait.

Tandis que la jeune fille s'abandonnait ainsi à des pensées douloureuses et pénibles, Claire et Pauline passèrent devant elle au milieu d'un groupe joyeux, et, remarquant son attitude découragée, elles accoururent à ses côtés. La jeune fille sentit tout à coup leurs mains amies presser la sienne ; elle leva la tête, leur sourit tristement, et toutes deux s'assirent auprès d'elle. La joie de Pauline, à la pensée de se retrouver au milieu de sa famille, n'était pas non plus sans mélange ; aussi quand elle fut éloignée de ses compagnes dont elle avait pour un moment partagé la gaieté, elle devint aussi sérieuse et pensive.

Quant à Claire, elle était rayonnante, et elle s'écria tout à coup en jetant les yeux sur les deux jeunes filles :

— Juste Ciel! qu'avez-vous donc? vous êtes là mornes et silencieuses, et n'est-ce pas demain pour vous un jour de triomphe? Vos noms vont être couverts d'acclamations, d'applaudissements, tandis que moi... je n'obtiendrai peut-être pas même un simple accessit, et vous le voyez pourtant, je n'en suis pas moins heureuse. Y pensez-vous ; une nuit encore, et nous allons être soustraites pour toujours à cette règle uniforme qui me pèse, qui m'accable d'ennuis. Nous allons être libres, libres!... comprenez vous tout ce que ce mot a de charmes pour une pauvre pensionnaire condamnée à n'avoir d'autre horizon que les hautes murailles du jardin. Plus d'ennuyeuses leçons! plus de longues remontrances ! plus d'heures passées à pâlir sur les livres ; désormais, je n'aurai plus d'autre règle que ma fantaisie, plus d'autres passe-temps que ceux qui flatteront le mieux mes goûts : n'est-ce point là un rêve enchanteur ?

— Votre joie m'effraie, lui dit Elise d'une voix douce et grave; je ne voudrais point vous inspirer de pénibles appréhensions, mais dans quelque situation que vous vous trouviez vous aurez des devoirs à remplir, et souvent des devoirs plus difficiles que ceux qui vous étaient imposés dans cette maison. Je suis jeune encore et bien inexpérimentée, mais pourtant je n'ignore pas que dans beaucoup d'existences le chagrin tient plus de place que le bonheur.

— Certainement, reprit Pauline, et nous avons sous les yeux la preuve qu'il n'est guère de familles épargnées par les coups de l'adversité. Ainsi vous, Claire, vous avez perdu dès votre plus tendre jeunesse votre meilleur ami, celui qui eût dû être votre protecteur, et demain, Pauline et moi, nous chercherons vainement autour de nous la tendre mère qui devrait saluer notre retour à la maison paternelle, et nous guider de ses affectueux conseils.

— Voilà comment vous êtes! s'écria Claire avec un geste d'impatience ; vous mêlez des pensées douloureuses à tous vos plaisirs ; aussi je serais tentée de quitter votre société, si je ne voulais consacrer ma dernière soirée à cette chère Elise, qui a toujours été pour moi si remplie de bonté et d'indulgence. Malgré mon apparente étourderie j'en conserverai le souvenir ; oh oui ! ajouta-t-elle en étendant la main avec un sérieux comique, je vous promets de ne jamais vous oublier.

— J'y compte, reprit mademoiselle Merfeuil d'une voix expressive ; et moi, de mon côté, je penserai bien souvent à vous.

— Je n'ai pas besoin, s'écria Pauline, de vous dire à mon tour que j'aurai toujours pour vous, chère Elise, l'affection la plus profonde, et qu'en reportant ma pensée sur mes années de pension, un de mes plus doux souvenirs sera celui de notre liaison.

— Je suis vivement touchée de vos protestations d'amitié, répondit mademoiselle Merfeuil avec émotion, je ne sais ce que l'avenir nous réserve à l'une et à l'autre ; mais je puis vous affirmer que ce serait pour moi un bien beau jour si je pouvais vous être utile en quelque chose, et vous prouver ainsi la sincérité de mon attachement.

L'entretien continua encore quelque temps, doux et amical entre les trois jeunes filles ; puis les autres vinrent successivement les rejoindre ; mais ni Elise ni Pauline ne prirent part à la bruyante gaieté de leurs compagnes. Mademoiselle Merfeuil se recueillait en songeant à la transformation qui allait s'opérer dans son existence, et un sentiment pénible agitait mademoiselle Darcy à l'idée de se retrouver sous le même toit que sa belle-mère, et les trois enfants qui excitaient si vivement son inquiète jalousie.

Le lendemain, la cloche qui annonçait d'ordinaire l'heure du lever n'eut pas besoin de faire entendre son signal, car, dès les premières lueurs du jour, la plupart des jeunes filles avaient interrompu leur sommeil pour se livrer à leurs derniers préparatifs. Elise et ses deux amies ne furent pas des dernières à prendre part au mouvement général, mais toutefois sans être agitées par les mêmes préoccupations.

Claire songeait surtout au soin de sa parure ; il est vrai qu'elle devait porter une robe blanche comme celle de ses compagnes, mais la coupe en était plus gracieuse, et sa mère n'avait pas négligé de lui envoyer mille petits accessoires qui devaient lui composer une toilette d'un goût charmant ; et puis, ne fallait-il pas aussi faire disposer avec

art les flots de sa belle et ondoyante chevelure?

Pauline et Elise s'abandonnaient à d'autres pensées; elles devaient chanter ensemble un duo, et l'idée de se faire entendre en
public impressionnait singulièrement mademoiselle Merfeuil, tandis que mademoiselle
Darcy se sentait heureuse et fière en songeant
à l'effet qu'elle allait produire, aux applaudissements qu'elle ne pouvait manquer de
recevoir. Du reste, un mélange d'espoir et de
crainte se lisait sur tous les visages, et la
perspective d'une réunion prochaine avec
une famille chérie faisait palpiter tous les
cœurs.

La distribution devait avoir lieu dans
l'après-midi; mais d'ordinaire la plupart des
jeunes filles recevaient d'avance la visite de
leurs parents, et avaient une courte entrevue
avec eux pendant les heures qui précédaient
la cérémonie.

Ce fut Claire qu'on appela la première pour
aller embrasser sa mère; elle s'élança au parloir toute palpitante de joie.

Quelques instants après le nom d'Elise fut

prononcé, et bientôt M. Merfeuil serra son enfant chérie dans ses bras ; mais ce ne fut pas sans arrière-pensée qu'elle s'abandonna à ses caresses ; elle le retrouvait pâle, amaigri, et de funestes pressentiments assiégeaient son esprit ; toutefois elle voila sa tristesse sous un doux et affectueux sourire.

Pauline ne tarda pas non plus à voir arriver son père accompagné de sa belle-mère et de ses deux jeunes sœurs.

« Mon amie, lui dit madame Darcy avec effusion, nous savons que vos travaux, votre application vous ont préparé pour aujourd'hui des succès, et nous en sommes si heureux que nous avons voulu assister tous à cette solennité, qui est pour nous une véritable fête de famille. Mes deux filles ont voulu aussi être témoins de votre triomphe, qui excitera sans doute en elles une noble émulation, et leur inspirera le désir de se distinguer plus tard comme leur sœur aînée ; enfin ce jour nous est doublement cher, puisque c'est celui qui va vous ramener au milieu de nous.

Mademoiselle Darcy ne fut point insensible à ces paroles bienveillantes, qui caressaient doucement sa vanité ; aussi, oubliant pour un moment ses préventions, elle fit un accueil cordial et empressé à tous les membres de la famille qui, du reste, ne tardèrent pas à se retirer, car l'heure de la cérémonie approchait.

Bientôt les jeunes filles, agitées par une émotion bien naturelle, prirent place sur des bancs disposés au bas d'une estrade dans l'un des côtés d'une vaste salle décorée avec goût, et qui ne tarda pas à se remplir de nombreux spectateurs.

Toutes portaient une robe de mousseline blanche avec une ceinture bleu tendre, et cette réunion de jeunes filles ainsi vêtues et parées des grâces naïves, et de la fraîcheur de leur âge présentait à l'œil un aspect ravissant.

Une séance musicale devait précéder la proclamation des prix ; quand eut sonné l'heure fixée pour le commencement de la solennité, les musiciennes se groupèrent sur l'estrade et entonnèrent un chœur à la mélodie suave et harmonieuse ; ces voix pures et argentines se confondant, s'unissant, produisirent sur les auditeurs une sensation pleine de charme.

Plusieurs d'entre elles firent entendre alors des romances, exécutèrent des fantaisies sur le piano ; puis vint le tour de Pauline et d'Elise ; elles chantèrent avec autant d'expression que de goût un duo d'un effet ravissant.

Ce n'était là que le prélude de leurs succès, d'autres triomphes leur étaient encore réservés. Quand les jeunes filles eurent lancé les notes vives et brillantes du chœur joyeux qui devait terminer la partie musicale de la séance, un frémissement courut dans les rangs des élèves. Le moment décisif était arrivé ; elles allaient donc enfin connaître la part qui devait leur être faite à chacune dans la distribution des récompenses.

Comme les élèves l'avaient prévu, Pauline et Elise devaient l'emporter sur toutes leurs compagnes ; elles entendirent leurs noms souvent proclamés, et couverts d'applaudissements. Mademoiselle Darcy recevait les couronnes avec un sentiment visible de joie et d'orgueil ; elle promenait autour d'elle un regard assuré, tandis que mademoiselle Merfeuil, timide et tremblante, baissait modestement les yeux en proie à la plus vive émotion.

Cependant la proclamation des prix obtenus dans les différentes branches d'étude venait d'être terminée ; chacune tenait dans ses mains les volumes qui devaient récompenser son assiduité au travail, et il restait encore à décerner une couronne de roses blanches sur laquelle tous les regards étaient fixés.

Elle allait être le partage de celle qui, de l'avis de toutes ses maîtresses, de toutes ses compagnes, s'était constamment signalée par sa douceur, son égalité d'humeur et la générosité de son caractère. Un frémissement de curiosité et d'impatience courut dans les rangs des élèves ; c'était là un moment grave et solennel : à qui cette distinction suprême allait-elle être réservée? Toutefois, elles le pressentaient, car Elise Merfeuil seule leur en paraissait digne ; aussi quand son nom fut proclamé, leurs applaudissements généreux et spontanés révélèrent qu'elles rendaient justice à l'aimable jeune fille , et qu'elles étaient heureuses de rendre un hommage public, à sa bonté touchante , aux nobles sentiments qui avaient dicté sa conduite pendant son séjour au milieu d'elles.

En posant sur son front la couronne de roses blanches, madame Delmond lui adressa quelques paroles d'une voix émue :

« Mon enfant, lui dit-elle , ce jour doit marquer dans votre existence, car s'il est glorieux de briller par son intelligence, par l'étendue de ses connaissances , il l'est bien plus encore d'obtenir une distinction comme celle qui vous est décernée en ce moment, et à laquelle les applaudissements unanimes de vos compagnes ont donné plus d'éclat encore. C'est pour vous un titre d'honneur qui vous impose des obligations pour l'avenir, obligations dont vous vous acquitterez facilement en vous inspirant aux mêmes sources où vous avez puisé jusqu'ici , en conservant intactes votre tendre piété, votre soumission à la volonté de Dieu. »

A ces paroles les yeux d'Elise se remplirent de larmes ; elle était à la fois heureuse et troublée des éloges qu'elle recevait, elle eût voulu pouvoir se trouver seule pour se livrer à l'attendrissement qu'elle éprouvait. C'était, certes, un spectacle émouvant que celui de cette jeune fille, belle de candeur, d'innocence et parée de la couronne de fleurs blanches, touchant emblème de la pureté de son ame. Aussi, M. Merfeuil n'essayait-il pas même de commander à son émotion, et des pleurs couvraient son visage.

Un souvenir amer et poignant se mélait au sentiment délicieux qui inondait son ame; il regrettait l'absence de sa compagne qui eût été si heureuse, si fière des vertus de son enfant chérie. Aussi quand Elise, chargée de ses couronnes, rejoignit son père et se jeta dans ses bras, tous deux mêlèrent leurs larmes, car ils s'étaient compris; et, dans ce jour de joie, de bonheur, leur pensée s'élançait vers celle que la mort avait sitôt ravie à leur amour.

Quant à Claire, ses prévisions s'étaient réalisées; quoique la nature l'eût douée de facultés bien supérieures à celles d'un grand nombre de ses compagnes, elle n'avait obtenu qu'une seule nomination ; mais elle n'en était pas moins rayonnante ; ce jour ne devait-il pas être pour elle le premier jour d'une ère de liberté et de félicité?

Quand les assistants se furent retirés, et que le moment du départ fut arrivé, Claire et Pauline vinrent presser la main d'Elise et lui adresser encore quelques paroles d'adieu ; puis toutes trois franchirent à peu près en même temps le seuil de la pension, pour s'éloigner dans des directions différentes.

Le moment était donc enfin venu pour elles de s'engager dans une nouvelle existence, de jouer à leur tour un rôle dans la société, et les penchants de leur caractère qui s'étaient déjà révélés pendant leur séjour à la pension, allaient avoir une immense influence sur leur destinée tout entière.

Claire, malgré la bonté réelle de son cœur, devait être une de ces femmes légères, imprévoyantes qui sacrifient tout au désir de briller, de jouir, et qui ne s'inspirent jamais des conseils de la raison et de la prudence.

Pauline ne pouvait manquer d'apporter dans les relations de la vie sociale un besoin impérieux de domination, une inflexibilité de volonté qui étaient de nature à lui aliéner les cœurs, à lui donner l'apparence de l'insensibilité, à tarir pour elle la source des plus douces jouissances.

Enfin, Elise était destinée à se montrer supérieure à toutes les situations de la vie, à faire rayonner autour d'elle l'ardeur de sa charité, à trouver constamment dans son cœur des trésors de générosité et de dévouement.

III

Tandis que Claire s'installait dans l'appartement que sa mère habitait rue Montmartre, et que Pauline retournait avec sa famille à Strasbourg où M. Darcy était en garnison, Elise suivait son père dans la modeste demeure qu'il occupait à Melun, et où il vivait dans la solitude, entouré de ses livres, adonné à des travaux sérieux.

M. Merfeuil était, comme nous l'avons vu, d'un naturel froid et concentré; la perte de sa compagne avait donné encore une teinte plus grave à ses pensées; aussi fuyait-il les

joies et les plaisirs du monde. Rien de plus
uniforme que sa vie consacrée tout entière
à l'étude et aux devoirs de sa profession ;
une jeune fille d'un autre caractère qu'Elise
se fût certainement trouvée fort à plaindre
auprès de lui ; mais l'aimable enfant appréciait ses nobles qualités ; elle était heureuse
de remplir envers lui les devoirs de la piété
filiale, et elle trouva du charme dans cette
existence si froide, si monotone en apparence.

D'ailleurs, son goût pour le travail éloi-
gnait d'elle l'ennui, et les ressources de son
esprit lui créaient chaque jour d'agréables
distractions. Tantôt elle consacrait ses loisirs
à perfectionner son talent musical, tantôt elle
se délassait par quelques lectures choisies et
intéressantes, propres à faire naître dans son
ame de bonnes et salutaires impressions.

Quelques semaines s'étaient déjà écoulées
ainsi dans une douce et calme uniformité,
quand M. Merfeuil appela un jour Elise dans
son cabinet de travail, et la couvrant d'un
regard affectueux :

— Chère enfant, lui dit-il, je vais avoir

avec toi un entretien bien sérieux ; mais,
malgré ta jeunesse , tu me comprendras
facilement, car en plusieurs circonstances
tu m'as prouvé que ta raison, ton jugement
feraient honneur à une personne déjà avancée en âge. Hé quoi ! je vois déjà tes yeux
se mouiller de pleurs, que crains-tu donc,
ma fille ?

— Ah ! je prévois que vous voulez me préparer à une nouvelle séparation.

— Eh bien ! oui, chère Elise, le devoir
paternel, le soin de ton avenir me défendent
de songer à te garder auprès de moi. Je voudrais pouvoir t'assurer un sort digne d'envie, mais tu n'ignores pas combien ma position de fortune est modeste. Tu possèdes des
avantages inappréciables à mes yeux, une
instruction étendue, un cœur généreux et
compatissant, l'amour de la vertu et de la
simplicité ; toutefois le monde ne juge pas
à mon point de vue, et Dieu sait ce que tu
deviendrais si la mort venait à me frapper...

— O mon père ! Dieu ne sera pas si cruel,
reprit douloureusement la jeune fille ; après
avoir enlevé ma mère à mon amour, il ne

vous appellera pas de sitôt à lui, vous qui
êtes mon unique appui, le seul ami que j'aie
sur la terre.

— Je l'espère, mon enfant, mais, pour
n'être pas surpris par le malheur, il faut se
préparer à toutes les éventualités ; voilà
pourquoi, ma bonne Elise, je désire que tu
te crées une position par ton travail, et que
tu puisses tirer parti des connaissances, des
talents que tu possèdes. J'ai songé un moment à te faire entrer comme institutrice
dans une maison particulière, et, si tu le
voulais, tu pourrais accompagner une famille anglaise qui va retourner à Londres,
et qui se trouve en ce moment sur le conti-
nent ; tu serais chargée de l'éducation de
deux petites filles de huit à dix ans. Qu'en
dis-tu, ma chère enfant? ah! je vois dans
ton regard que ce projet te sourit peu.

— Oh! certes, reprit la jeune fille, il m'en
coûterait beaucoup de mettre une pareille
distance entre vous et moi.

— Je ne le regretterais pas moins, et je
craindrais d'ailleurs qu'avec ton caractère
timide et ton extrême jeunesse tu n'eusses

beaucoup à souffrir au milieu d'une famille étrangère. Préfèrerais-tu entrer en qualité de sous-maîtresse chez madame Delmond qui t'accueillerait bien volontiers, car elle m'en a fait à moi-même la proposition?

— Oui, certes, fit la jeune fille avec empressement , puisque je ne puis vivre à vos côtés, il me sera moins pénible de retourner là où je ne suis point inconnue, et où du moins je trouverai des cœurs amis.

— Voilà qui est décidé, dit M. Merfeuil, j'écrirai dans quelques jours à ton ancienne maîtresse pour lui faire part de mes intentions ; elle en sera charmée, j'en suis certain, et j'espère que cette idée n'attristera pas la fin de tes vacances. Jouissons en paix des moments que nous avons encore à passer ensemble, et qui, hélas ! s'écouleront avec une trop grande rapidité.

Elise sourit doucement à son excellent père, et les jours qui suivirent cet entretien elle fut assez maîtresse de ses impressions pour montrer du calme et presque de l'enjouement. Elle ressentait pourtant au fond du cœur une tristesse bien profonde ; si elle

souffrait à la pensée d'une cruelle séparation, elle éprouvait surtout un sentiment
pénible en songeant à l'isolement dans lequel
allait vivre M. Merfeuil, et lorsqu'elle se
retrouvait seule elle versait souvent des larmes bien amères.

Elise songeait parfois aux deux jeunes
filles qui avaient été liées avec elle pendant
son séjour à la pension; mais si un vague
désir d'avoir de leurs nouvelles s'emparait
de son esprit, elle ne s'arrêtait pas longtemps à l'idée de leur écrire, car elle les
connaissait assez pour ne pas compter beaucoup sur leur attachement, et d'ailleurs son
existence était si uniforme qu'elle n'eût rien
trouvé à leur dire qui pût exciter leur attention. Mademoiselle Merfeuil ne se dissimulait pas qu'il y avait trop peu d'analogie
entre leurs goûts, leurs caractères pour que
leur liaison pût être solide et durable.

La fin des vacances arriva bientôt; quand
vint le moment du départ, Elise ne put commander complètement à sa pénible émotion,
et ce fut le cœur brisé qu'elle reprit avec son
père le chemin de Chaillot.

Lorsque la jeune fille franchit le seuil de la pension de madame Delmond, lorsqu'elle revit les longues salles de l'établissement, il lui sembla qu'un intervalle déjà bien long la séparait du jour qui avait été témoin de ses succès, du jour où elle avait adressé à ses compagnes des adieux qu'elle croyait être les derniers. Ah! c'est que la pensée de la tâche qu'elle allait avoir à remplir avait opéré en elle une immense transformation.

Elise comprenait qu'il lui fallait rompre avec son passé de jeune fille où elle n'avait eu à montrer qu'une soumission parfaite, une douceur patiente et résignée; elle sentait tout ce qu'il lui faudrait déployer de force d'ame et d'énergie dans les nouvelles fonctions dont elle allait être chargée.

Dès les premiers jours mademoiselle Merfeuil trouva un immense changement autour d'elle; ses anciennes compagnes d'étude, qui auparavant l'accueillaient avec tant de plaisir et d'empressement, se montrèrent froides et réservées à son égard; les plus jeunes elles-mêmes ne lui témoignèrent plus cette confiance affectueuse d'autrefois. C'est que toutes voyaient en elle une maîtresse, c'est-à-dire, une personne chargée de les surveiller, de réprimer leurs travers, d'informer madame Delmond des fautes dont elles pouvaient se rendre coupables, et sa présence leur paraissait incommode et gênante.

Elise souffrit de ce changement, mais elle ne faiblit point, et comme son caractère ne manquait ni de fermeté ni d'énergie, elle réussit à remplir assez bien les devoirs de sa profession. Madame Delmond qui appréciait son zèle et son mérite, lui témoignait une constante bienveillance qui l'encourageait dans ses efforts. D'ailleurs elle possédait à un haut degré cette confiance en Dieu qui fait surmonter les obstacles, et qui inspire dans les circonstances les plus difficiles de la résignation et de la force d'ame.

Il y avait cependant un grand vide dans son existence, car Elise était trop sensible, trop impressionnable pour ne pas sentir cruellement les douleurs de l'isolement. Elle regrettait de ne plus avoir à ses côtés Claire et Pauline dont le souvenir se représentait plus vivement à son esprit lorsqu'elle se retrouvait dans les lieux qu'elles avaient si souvent parcourus ensemble.

Quelques mois après son installation à la pension, mademoiselle Merfeuil se décida à leur donner de ses nouvelles, et elle leur écrivit à toutes deux en leur apprenant le changement qui s'était opéré dans sa position.

Ce fut mademoiselle Darcy qui lui répondit la première ; elle avait remarqué la nuance de tristesse répandue dans la lettre d'Elise ; aussi commençait-elle par lui témoigner le plus affectueux intérêt ; ensuite elle lui parlait d'elle-même, et des chagrins qu'elle éprouvait ; elle se plaignait amèrement de son sort.

« Peut-être, lui disait-elle, peut-être me croyez-vous heureuse ; oh ! alors détrompez-vous bien vite ; je sens plus vivement de jour en jour que nous avions bien raison en quittant la pension de ne point partager la folle gaieté de nos compagnes ; j'ai déjà eu plus d'une pensée de regret pour les jours que nous y avons passés. Du reste, ce n'est point là une déception, car je prévoyais que

le séjour de la maison paternelle n'aurait pas
de charmes pour moi. Je n'ai pas à me plaindre des procédés de ma belle-mère à mon
égard, mais ma situation n'en est pas moins
pénible, car je ne puis voir froidement les
caresses que mon père prodigue à ses autres
enfants. Il exige que je me conforme aux
volontés de ma belle-mère, et il m'en coûte
d'être soumise à l'autorité d'une femme qui,
après tout, ne m'est unie par aucun lien. Je
ne sais si vous comprendrez les sentiments
qui m'agitent ; vous allez peut-être me trouver bien peu raisonnable, et dire que je
m'exagère les choses ; mais si vous étiez à
ma place, si vous sentiez les mille petits
froissements que j'éprouve chaque jour, oh
alors ! vous ne vous étonneriez plus que j'ac-
cuse ma destinée. D'ailleurs, je ne puis commander à mes impressions, et c'est vous
donner une nouvelle preuve de confiance et
d'amitié que de vous faire ainsi l'aveu de ce
qui se passe dans mon cœur. Soyez certaine
qu'à nulle autre qu'à vous je ne voudrais
adresser de pareilles confidences ; aussi, je
sentais le besoin de vous écrire, et je me

préparais à vous donner de mes nouvelles lorsque votre lettre est venue me surprendre. Désormais j'espère que nous entretiendrons ensemble une correspondance suivie : ce sera pour toutes deux une puissante consolation, car il n'est pas de moyen plus sûr d'alléger ses chagrins que de les déposer dans le cœur d'une amie. »

Après avoir parcouru cette lettre, mademoiselle Merfeuil resta quelques instants pensive et réfléchie :

— Hélas ! se dit-elle, cette chère Pauline est malheureuse, et pourtant, si elle le voulait, elle pourrait jouir d'un sort digne d'envie. Sa belle-mère mérite l'estime et la sympathie ; pourquoi donc ne pas gagner son affection, vivre en bonne intelligence avec elle, prodiguer ses soins, sa tendresse à ses deux petites sœurs, à son jeune frère, qui, j'en suis certaine, la paieraient de retour ? Ne serait-ce pas là se créer de vives et d'ineffables jouissances ? Pourquoi donc ouvrir son ame à des pensées d'injuste défiance, d'amère jalousie, qui causent son malheur et qui attristent son existence ?

La pauvre enfant reporta alors sa pensée sur elle-même condamnée à être séparée de son père pour bien longtemps peut-être, à se voir privée des douceurs de la vie de famille, et à excercer une surveillance incessante sur ses moindres gestes, ses moindres paroles.

Peu de jours après, mademoiselle Merfeuil répondit à Pauline ; elle s'appliqua surtout à lui donner de sages conseils ; elle n'oublia aucun des arguments qui pouvaient engager la jeune fille à se rapprocher de sa belle-mère, à voir sans ombrage M. Darcy donner à ses plus jeunes enfants des témoignages d'affection ; toutefois elle eut soin d'entremêler ses conseils de quelques éloges donnés au bon cœur de son amie, et des protestations du plus sincère attachement.

Comme Elise n'avait point reçu de réponse de mademoiselle Belton, elle se disait que Claire avait sans doute perdu complètement son souvenir au milieu des distractions de tout genre dont elle était entourée ; mais un jour, enfin, elle vit arriver une lettre de son ancienne compagne.

Dès les premières lignes, mademoiselle Merfeuil reconnut que la jeune fille n'avait rien perdu de sa légèreté d'autrefois. Claire commençait par s'excuser de son long silence, et en donnait pour raison que le temps s'écoulait pour elle avec une rapidité qui lui permettait à peine de s'apercevoir de sa fuite. Elle faisait ensuite mille exclamations sur la détermination prise par Elise :.

« Hé quoi ! lui disait-elle, vous voilà donc encore réintégrée chez madame Delmond, obligée tout le jour à réprimander l'une et à punir l'autre ; ah ! croyez-le, je vous plains, je vous plains de toute mon ame, et, à votre place, j'eusse eu bien de la peine à accepter une pareille existence. Pour moi, ai-je besoin de vous dire que je suis enfin au comble de mes vœux? Ma vie n'est qu'une suite de fêtes et de plaisirs ; ma mère me donne de ravissantes toilettes, et se plaît à satisfaire mes fantaisies, à me procurer sans cesse de nouvelles jouissances. Je n'en finirais pas si je voulais vous décrire les fêtes et les spectacles auxquels j'ai déjà assisté. Que ne pouvez-vous m'y accompagner? Chère

Elise, il y aurait là de quoi exciter bien vivement votre surprise, car les bruits du monde ne parviennent guère jusqu'à vous, et vous ne pouvez vous faire qu'une idée bien imparfaite de ces plaisirs qui, je vous l'avoue, m'enivrent et me transportent. »

Claire terminait sa lettre en faisant la description d'un bal qui avait été donné chez une amie de sa mère quelques jours auparavant, puis en retraçant les splendides décorations d'un ballet nouveau qu'elle avait vu représenter la veille à l'opéra.

Quand Elise eut terminé cette lettre, elle la replia lentement en se disant que toutes deux suivaient des voies trop différentes pour que leurs relations pussent subsister encore.

— A quoi bon, se dit-elle, à quoi bon continuer entre nous un échange inutile de lettres? Nos sentiments, nos idées sont en opposition trop complète pour qu'une sympathie réelle puisse exister entre nous. Chaque fois que Claire m'écrira, ce sera un quart d'heure qu'elle prendra à regret sur le temps destiné à ses plaisirs. Elle n'a d'autre pensée que le désir de briller, de satisfaire sa vanité, et moi je n'ai rien à lui dire qui puisse lui plaire et l'intéresser. Si elle m'écrit, c'est sans doute parce qu'une sorte de respect pour ses souvenirs d'autrefois l'empêche d'agir autrement ; mais il sera plus sage de ma part de cesser une semblable correspon-' dance qui ne peut avoir de fruit. ni pour elle, ni pour moi, car lors même que j'essaierais de la ramener à des idées de simplicité, de modération, que pourrait ma faible voix sur une jeune fille abandonnée à de tels entraînements ? Peut-être me trouverai-je plus tard en sa présence, oh ! alors, je lui tendrai certes une main amie, car je n'oublierai jamais les liens d'affection qui nous ont unies pendant près de trois années. Mais il est probable que nous sommes destinées à ne jamais nous revoir, à vivre désormais étrangères l'une à l'autre. Pauvre Claire ! je tremble vraiment pour son avenir; elle est si légère, si imprévoyante, elle attache son bonheur à des choses si fragiles, si éphémères que je prévois pour elle bien des regrets et bien des désillusions. Fasse le ciel que mes pressentiments ne se réalisent point, et que les années opèrent en elle une heureuse et salutaire transformation !

Ainsi, l'aimable Elise dont l'ame était si bien faite pour goûter les douceurs d'une véritable amitié, ne jouissait point de ce bonheur qu'elle eût éprouvé si elle avait possédé pour amie une jeune fille modeste, sensée, digne de son estime et de son attachement.

Cependant, quelques semaines après avoir reçu la lettre de Claire, mademoiselle Merfeuil se trouvait en récréation, quand on vint la prévenir qu'une visite l'attendait au parloir. Elle s'y rendit bien vite, et quelle fut sa surprise, en se trouvant en présence d'une jeune fiille, dans laquelle elle reconnut Pauline Darcy !

— Hé quoi ! vous ici ? dit Elise en l'embrassant.

— Moi-même ! répondit Pauline ; j'ai déjà vu madame Delmond, et je n'ai pas voulu vous prévenir d'avance de ma visite pour jouir de votre surprise. Je n'arrive pas de Strasbourg, car nous habitons en ce moment Paris ; mon père a reçu son changement avec le grade de colonel, et il a bien voulu m'accompagner ici aujourd'hui. Il est en ce moment, chez un de ses amis, qui demeure dans le voisinage, et il va venir me prendre dans quelques instants. Ne perdons pas de temps en l'attendant, causons, car nous devons avoir mille choses à nous dire, et je ne pourrais vous rendre l'impression que j'éprouve en me retrouvant dans cette maison qui renferme pour moi tant de souvenirs.

Les deux jeunes filles s'assirent l'une auprès de l'autre les mains entrelacées, et entamèrent l'entretien.

Pauline avait une infinité de questions à faire sur celles de ses compagnes qui venaient de quitter la pension, sur celles qui s'y trouvaient encore en ce moment; puis elle parla beaucoup aussi de sa propre situation, et songea enfin à interroger Elise sur elle-même.

La douce jeune fille ne se plaignait jamais de son sort; cependant elle versa quelques larmes en parlant de son bon père, car il lui en coûtait toujours de vivre loin de lui.

Au moment de se séparer de son amie, mademoiselle Darcy lui sourit affectueusement, et lui dit :

— J'ai maintenant, chère Elise, une demande à vous adresser; je suis chargée par mes parents de vous engager à venir passer à la maison votre prochain jour de sortie. J'ai déjà l'assentiment de madame Delmond; il ne manque plus que le vôtre ; si, comme je l'espère, vous y consentez, je viendrai vous prendre avec mon père.

— J'accepte avec reconnaissance, répondit mademoiselle Merfeuil touchée de l'empressement que lui témoignait son amie.

— Ainsi, voilà qui est convenu, reprit gaiement Pauline, et je me fais une véritable fête de passer une journée avec vous.

— Soyez certaine que je n'en suis pas moins heureuse, dit Elise avec expression, et c'est là une surprise à laquelle j'étais loin de m'attendre.

Le dimanche suivant était précisément le jour de la Pentecôte; les élèves avaient à cette occasion deux jours de sortie, de sorte que, sur la demande de mademoiselle Darcy, madame Delmond accorda facilement à Elise l'autorisation de ne rentrer à la pension que le lundi soir.

Pauline fut exacte au rendez-vous, et mademoiselle Merfeuil était à peine sortie de la messe, quand on la prévint que son amie l'attendait. C'était pour la jeune fille une agréable perspective, que celle de se retrouver auprès de sa compagne d'autrefois, et de faire connaissance avec les différents membres de sa famille. Aussi, se trouvait-elle ce jour-là dans une disposition d'esprit des plus favorables.

Le temps était magnifique, et semblait avoir voulu favoriser les projets des deux amies. Or, qui n'a senti déjà l'influence de la température sur nos pensées, sur nos impressions? Quand un ciel pur et transparent s'offre à nos regards, quand le soleil brille radieux et éclatant, quand l'atmosphère doucement attiédie nous fait éprouver une délicieuse sensation de bien-être et de chaleur, nos jouissances deviennent plus vives, et notre ame est en quelque sorte plus accessible aux idées agréables et riantes.

Le visage d'Elise exprimait une gaieté, un enjouement qui ne lui était point ordinaire, quand elle prit place entre mademoiselle Darcy et son père dans la voiture qui devait les conduire à Paris ; pendant tout le trajet la conversation fut animée et joyeuse.

Le colonel et les jeunes filles descendirent dans la rue de Grenelle, devant une vaste maison, dans laquelle se trouvait le logement de la famille Darcy. A peine eurent-ils franchi le seuil de la porte d'entrée, qu'ils virent arriver à eux deux petites filles de dix à douze ans, au visage doux et intelligent, qui saluèrent gracieusement mademoiselle Merfeuil, firent une caresse à leur père, puis s'éloignèrent en disant qu'elles allaient prévenir leur mère.

— Ce sont là mes deux plus jeunes filles, dit M. Darcy à Elise.

— Elles sont vraiment charmantes, répondit celle-ci, tout annonce en elles une aimable gentillesse ; elles ont un air simple, naturel et en même temps une aisance de manières qu'on rencontre rarement à leur âge.

— Leur caractère est excellent, reprit le

colonel ; jusqu'à présent leur mère a été leur seule institutrice ; eh bien ! leur présence nous charme et nous récrée, au lieu d'être pour nous importune et désagréable.

Elise allait répondre, mais elle jeta les yeux sur Pauline ; elle vit un nuage passer sur son front, et comprit combien cet éloge donné aux deux enfants l'avait blessée ; elle en éprouva une impression pénible, et n'ajouta pas un mot en suivant le colonel, qui l'introduisit dans un salon assez vaste, où la famille se tenait d'ordinaire.

Il ne s'y trouvait personne en ce moment ; toutefois, elle vit bientôt paraître la maîtresse du logis, vêtue d'un costume modeste, mais de bon goût, et qui annonçait du reste l'absence de toute recherche.

C'était une femme jeune encore, à la physionomie pleine de noblesse, d'expression, aux manières dignes et réservées, en qui tout révélait une réelle supériorité d'esprit, en même temps qu'une grande bonté de cœur.

Elle s'avança vers Elise, lui témoigna tout le plaisir qu'elle éprouvait à faire sa con-

naissance ; la jeune fille, agréablement surprise d'un accueil si cordial et si empressé,
se trouva bientôt à l'aise avec elle, et se demanda avec un étonnement profond, comment il se faisait qu'il fût impossible à Pauline de sympathiser avec sa belle-mère.

Dans le courant de la conversation, sa surprise redoubla encore, car l'épouse du colonel montrait dans son langage une grande
variété de connaissances, une extrême amé-
nité de caractère, et sa voix avait des infle-
xions douces, harmonieuses, qui donnaient
un nouveau charme à tous ses discours.

Mademoiselle Darcy voulut procurer à son
amie le plaisir de la promenade ; toute la famille s'achemina vers les boulevards, puis se
dirigea vers le jardin des Tuileries.

Depuis son entrée chez madame Delmond,
Elise n'avait guère quitté la pension ; elle
connaissait peu Paris, et c'était pour elle un
spectacle étrange, inusité que celui du mouvement, de l'agitation qui règne dans cette
grande cité. Elle apercevait à chaque pas des
objets qui excitaient sa curiosité, son admiration, et elle se sentait toute impressionnée

à la vue des monuments grandioses et imposants qui s'offraient à ses regards.

Pour fêter la solennité de ce jour, la famille Darcy alla ensuite assister au salut dans l'église Saint-Sulpice, où des voix pures et mélodieuses se mêlaient aux sons religieux de l'orgue. En se trouvant sous ces voûtes où retentissaient de si suaves accents, Elise s'agenouilla pieusement recueillie, élevant son ame vers Dieu dans un élan d'indicible ferveur.

Ce soir-là, mademoiselle Merfeuil partagea la chambre de son amie, et, avant de s'endormir, elles s'entretinrent longtemps encore.

Le lendemain, à son lever, Elise vit accourir Hélène et Amélie, les deux plus jeunes filles du colonel. Ces aimables enfants s'étaient déjà attachées à elle, car, la veille, mademoiselle Merfeuil avait répondu avec une complaisance parfaite à toutes leurs naïves questions, et elles la trouvaient bien différente de Pauline, qui ne supportait qu'impatiemment leur présence, et qui s'abstenait de leur donner aucune marque d'affection ; aussi auraient-elles bien voulu voir l'aimable Elise prolonger longtemps son séjour dans leur demeure. Il n'y avait pas jusqu'au petit Paul, le dernier né de madame Darcy, joli enfant de cinq à six ans, qui ne voulût, lui aussi, prodiguer ses caresses à mademoiselle Merfeuil.

La seconde journée s'écoula encore pour Elise de la manière la plus agréable, et, en examinant de près l'intérieur de la famille où elle se trouvait, elle comprenait de plus en plus combien les plaintes de Pauline étaient déraisonnables et peu fondées. En effet, l'épouse du colonel témoignait à sa belle-fille une constante bienveillance, et, sans qu'il y eût aucune affectation dans sa manière d'agir, elle paraissait lui porter le plus tendre intérêt.

Quelques instants avant son départ, mademoiselle Merfeuil se trouva un moment seule avec madame Darcy.

— Mademoiselle, lui dit celle-ci, permettez-moi de vous parler avec une entière franchise, j'ai un service à vous demander. Je sais que vous êtes remplie de sagesse et de raison ; je connais aussi votre influence sur Pauline ; or, vous ne devez point ignorer les funestes préventions qu'elle nourrit dans son cœur contre ses jeunes sœurs et contre moi. J'ai tout fait pour gagner sa confiance, son affection, et mes efforts sont restés sans résultat. Il n'est pas une occasion où elle ne me laisse voir son indifférence, je dirai même son animosité. Je ne lui en veux pas, mais je la plains, je m'en afflige ; son père en souffre souvent, et c'est là un nuage qui vient troubler la paix de notre vie qui, sans cela, ne compterait que de beaux jours. Vous l'aimez véritablement ; ah ! de grâce, mademoiselle, essayez de la ramener à des idées plus conciliantes, de lui faire sentir quelles sont mes véritables dispositions à son égard, et vous aurez acquis des droits à notre reconnaissance.

— Je voudrais avoir sur Pauline l'empire que vous me supposez, répondit mademoiselle Merfeuil ; et je croirais lui avoir rendu un immense service, si je parvenais à lui persuader que vous êtes pour elle une amie sincère, dévouée, et que ses jeunes sœurs ne doivent lui inspirer que les sentiments de la plus tendre affection.

— Je vous remercie d'avance des bons conseils que vous voudrez bien lui donner, dit madame Darcy en tendant affectueusement la main à la jeune fille; je suis convaincue que la liaison de Pauline avec vous ne peut avoir pour elle que d'heureux fruits; aussi j'espère que cette visite n'est pas la dernière, et que nous aurons le plaisir de vous posséder encore parmi nous. Déjà mes enfants vous aiment, et je ne pourrais assez vous dire quel charme j'ai trouvé dans votre société.

— Vous êtes mille fois trop bonne, madame, s'écria la jeune fille avec des larmes dans les yeux ; aussi j'emporterai une impression profonde du court séjour que j'ai fait dans cette maison, et de l'accueil cordial et empressé que j'y ai reçu.

Mademoiselle Merfeuil disait vrai ; elle éprouva une véritable émotion en faisant ses adieux à l'épouse du colonel et à ses enfants, et les jours suivants elle se plut à reporter sa pensée sur cette aimable famille dont tous les

membres, à l'exception de Pauline, étaient
unis par les liens d'une affection si profonde,
et où elle avait reçu tant de témoignages
d'une affectueuse sympathie.

IV

SOUFFRANCE ET RÉSIGNATION.

Mademoiselle Merfeuil ne devait plus retourner chez le colonel Darcy, car un nouveau changement allait encore s'opérer dans
son existence ; la pauvre jeune fille n'avait
point épuisé la coupe amère que la Providence lui avait destinée.

Quelques semaines après sa visite dans la
famille de Pauline, madame Delmond la fit
appeler dans son appartement, et Elise s'y
rendit sur-le-champ, agitée par de sinistres
pressentiments. Son trouble augmenta encore en apercevant la directrice ; il n'y avait

point à s'y tromper; malgré l'empire qu'avait
madame Delmond sur elle-même, l'expression douloureuse peinte sur son visage révélait assez de quelle nature était la confidence
qu'elle avait à faire à la jeune fille.

— Asseyez-vous, mon enfant, lui dit-elle
avec bonté, et écoutez-moi avec calme, je
vous en prie, car j'ai une triste révélation à
vous faire.

— Oh! madame! s'écria mademoiselle Merfeuil d'une voix tremblante, il s'agit proba-
blement de mon père; ne me cachez rien,
je vous en prie; il est sans doute malade,
peut-être mort!...

— Sa vie n'est point en danger, reprit madame Delmond, mais vous n'en avez pas
moins besoin de faire appel à tout votre courage, car votre père a pour ainsi dire perdu
la vue; ses yeux n'entrevoient plus qu'une
faible lueur.

Elise poussa un cri déchirant; ces paroles
avaient retenti douloureusement dans son
ame, et elle resta d'abord muette, anéantie,
accablée sous le poids du désespoir.

La directrice lui laissa un instant exhaler ses larmes et ses sanglots ; puis elle ajouta :

— M. Merfeuil est menacé depuis quelque temps du malheur qui vient de le frapper ; il a toujours voulu vous cacher sa position, et il voudrait pouvoir vous la laisser ignorer encore ; mais il a besoin de vos soins, et il a envoyé ici une personne de confiance chargée de vous ramener auprès de lui. Malgré le regret que j'éprouve de vous voir partir en ce moment, je comprends que votre présence est pour lui un besoin impérieux, et je vous engage à faire sur-le-champ vos préparatifs de départ.

La jeune fille n'en entendit pas davantage; elle courut rassembler les objets qui lui étaient nécessaires, adressa à la hâte de tristes adieux à ses élèves et aux autres personnes de la maison, puis s'achemina immédiatement vers Paris. Dans sa fiévreuse impatience elle voulut gagner sur-le-champ l'embarcadère, et là elle attendit avec angoisse l'heure du plus prochain départ. C'est en vain que sa compagne de voyage essayait de la calmer ; les minutes, les secondes lui paraissaient s'écouler avec une lenteur insupportable ; elle eût voulu précipiter la marche du temps.

Chose étrange! lorsqu'Elise eut franchi une partie de la distance qu'elle avait à parcourir, le désir qu'elle éprouvait d'arriver au but de son voyage se transforma en une mortelle appréhension. Aussi, quand la jeune fille eut mis pied à terre, ce fut d'un pas lent qu'elle s'achemina vers la demeure de M. Merfeuil. Son cœur battait violemment lorsqu'elle parvint auprès de la porte d'entrée ; elle tremblait à l'idée de revoir son malheureux père, et en effet leur entrevue devait être déchirante.

A peine M. Merfeuil entendit-il sur l'escalier le pas léger de sa fille, que sans l'apercevoir il devina sa présence. Il se leva aussitôt, et lui tendit les bras ; elle s'y précipita en pleurant, et pendant quelque temps leurs larmes se confondirent sans qu'un seul mot s'échappât de leurs lèvres. Les grandes douleurs ne se manifestent pas par de longs discours ; elles aiment le silence et le recueillement.

Ce fut M. Merfeuil qui prit le premier la parole :

— Pauvre enfant, dit-il, en pressant Elise sur son cœur, la main de Dieu nous accable ; mais, je t'en prie, sois courageuse et résignée.

— Mon père ! mon pauvre père ! fit douloureusement la jeune fille, comment donc supporter un tel malheur ? n'est-il plus d'espoir de guérison ?

— Non, ma fille, dit M. Merfeuil d'une voix douce et grave ; le mal est sans remède, je suis condamné à une nuit éternelle, car c'est en vain que j'ai fait appel à la science des oculistes et des médecins les plus distingués. Si je m'afflige, c'est en songeant à toi, à toi si jeune encore, et pour qui la vie a déjà des jours si amers ; peut-être le ciel te dédommagera-t-il plus tard de tes souffrances ?

A la vue d'une abnégation si touchante, la jeune fille retrouva soudain cette force d'ame qui l'avait un moment abandonnée.

— Ah ! s'écria-t-elle avec chaleur, Dieu ne m'offre-t-il pas déjà une précieuse consolation dans la pensée que je puis adoucir votre infortune? Désormais je ne vous quitterai plus, je serai votre guide fidèle, je vous décrirai tous les objets qui passeront sous nos yeux, et, autant que vous le voudrez, je récréerai votre esprit par la lecture; puis ensemble nous prierons Dieu, ce Dieu qui nous envoie parfois de cruelles épreuves, mais qu'il est si doux pourtant de servir et d'aimer.

— Chère Elise, reprit M. Merfeuil, tu es un ange de dévouement, je retrouve en toi les vertus et le noble cœur de ta mère ; aussi je ne me plains pas de ma destinée. Quand mon ame sera abattue et découragée, les doux accents de ta voix me rendront le calme et l'énergie, me rappelleront ma foi dans la divine Providence.

Le père et la fille s'assirent à côté l'un de l'autre, le visage humide de pleurs, mais leurs larmes avaient déjà moins d'amertume.

O puissance suprême de la religion et de l'amitié ! la pensée de Dieu, les élans d'une mutuelle et généreuse affection avaient fait

succéder déjà des idées sereines et consolantes au désespoir qui agitait ces deux cœurs
quelques instants auparavant.

Cependant, M. Merfeuil avait dû abàn-
donner ses fonctions, et il ne lui restait
d'autre ressource qu'une modeste pension.
Il résolut de quitter Melun et de venir s'établir à Passy, dans une petite maison située
dans un lieu paisible et écarté, et qu'un de
ses amis avait louée pour lui. Il fallait certes
à Elise beaucoup d'ordre et d'activité pour
fournir aux besoins du ménage avec le modique revenu dont elle pouvait disposer; aussi,
malgré sa supériorité d'esprit, elle ne dédai-
gnait pas de se livrer aux occupations les
plus humbles.

Ce n'était pas dans un moment d'entraînement irréfléchi qu'Elise avait promis de se
dévouer tout entière à son père, et c'est avec
zèle qu'elle s'acquittait de sa pieuse mission.
M. Merfeuil ne pouvait plus contempler les
traits de son enfant chérie, mais à chaque
instant du jour il sentait sa douce influence,
car il était l'objet des plus délicates préve-
nances.

M. Merfeuil avait un esprit d'une trempe élevée ; isolé pour ainsi dire du reste de la société, condamné à une continuelle inaction, il ne vivait plus guère que de ses souvenirs, et comme son existence calme et paisible n'avait rien laissé de bien saillant dans sa mémoire, il aimait à se rappeler les plus beaux passages de ses lectures ; il s'exaltait à la pensée des poètes et des écrivains dont les œuvres lui avaient procuré des heures si délicieuses. Tantôt il les faisait relire par sa fille, tantôt il s'en entretenait avec elle, et, dans son enthousiasme, il oubliait pour un moment les douleurs de la vie réelle.

Ainsi ces deux êtres, séparés du monde entier, trouvaient encore au sein de leur malheur des joies pures et élevées. En voyant la sérénité empreinte sur le visage de M. Merfeuil, l'aimable Elise se sentait disposée à se résigner à son sort, et jamais une parole de murmure contre la Providence ne s'échappait de ses lèvres.

Comme elle se l'était promis, mademoiselle Merfeuil n'avait donné à Claire aucun signe de vie, car elle n'en espérait pas de consolation. Elle avait écrit à Pauline le changement survenu dans son existence, et mademoiselle Darcy s'était rendue plusieurs fois chez elle avec sa belle-mère. Toutes deux avaient manifesté à la jeune fille le plus tendre intérêt, la plus profonde compassion. Cependant Elise avait remarqué avec peine que le temps n'avait opéré aucune modification dans les idées de son amie, et qu'elle était toujours animée des plus injustes préventions contre madame Darcy.

Les deux jeunes filles se trouvaient un jour assises l'une auprès de l'autre dans le petit jardin qui s'étendait derrière l'habitation ; mademoiselle Darcy avait l'air distrait, préoccupé, et ne paraissait soutenir la conversation qu'avec effort. Sa compagne remarqua bientôt son trouble, et lui en demanda la cause.

— Chère Elise, reprit Pauline, vous me voyez en ce moment plongée dans la plus pénible incertitude, car j'ai un parti bien important à prendre ; il se présente une occasion de m'établir, et au moment d'accomplir un acte si grave, je flotte indécise, car il me semble que je suis encore bien jeune pour prendre une telle détermination.

— En effet, répondit mademoiselle Merfeuil, vous n'avez certainement point acquis l'expérience nécessaire pour pouvoir vous conduire d'après vos propres lumières ; mais ne devez-vous pas vous en rapporter aux conseils de monsieur et madame Darcy qui n'ont en vue que votre bonheur ?

— Chère amie, vous connaissez mon opinion à ce sujet ; aussi, je n'ai pas consulté ma belle-mère. Quant à mon père, il m'a dit que M. Albert Gervilly, celui qui recherche ma main, lui est connu depuis longtemps comme un jeune homme digne d'estime et de sympathie, et qu'il me verrait avec plaisir devenir sa compagne. C'est le fils d'un de ses amis ; il a fait des études remarquables, et il exerce avec succès la profession d'ingénieur. Il est instruit sans pédantisme ; mais son caractère paraît froid, concentré, et je crains qu'absorbé par ses travaux scientifiques, il ne soit peu agréable dans le commerce intime de la vie. Si ma mère existait encore, je m'en serais rapportée aveuglément à elle ; mon père m'aime tendrement, mais je ne me dissimule pas que sa clairvoyance peut être en défaut, et j'hésite à la pensée d'enchaîner pour toujours ma destinée.

— Je comprends vos appréhensions ; je voudrais qu'il fût en mon pouvoir de vous indiquer avec certitude le parti que vous devez prendre ; mais tout ce que je puis vous dire, c'est de ne pas vous arrêter à une détermination, sans vous être livrée auparavant à de longues et profondes méditations.

— J'en sens la nécessité, reprit Pauline avec un triste sourire ; aussi je m'étais promis de ne m'établir que quand l'âge aurait donné plus de solidité à ma raison ; toutefois le désir que j'ai de quitter bientôt la maison paternelle me déterminera sans doute à prendre une résolution décisive ; fasse le Ciel que je n'aie point à la regretter !

Elise adressa encore à son amie quelques paroles inspirées par son bon cœur, par sa fervente piété, et, quand elles se séparèrent, Pauline lui promit de ne pas tarder à lui faire connaître la décision qu'elle aurait prise.

Bientôt, en effet, mademoiselle Merfeuil reçut un billet qui contenait ces mots :

« Chère Elise, c'en est fait, j'ai donné mon consentement; mon mariage est décidé; peut-être aurais-je désiré que le caractère de M. Gervilly fût plus ouvert, plus expansif; mais du moins je suis certaine de n'avoir jamais à rougir de porter son nom, car c'est un homme sincère, loyal et d'une conduite irréprochable. Le jour de la cérémonie est fixé au 24 du mois prochain; j'espère que vous voudrez bien y assister, ce sera me donner une nouvelle preuve de votre affection. D'ici à cette époque, je prévois qu'il ne me sera guère possible d'aller vous voir. Je n'ose réclamer votre visite, car je connais le devoir qui vous retient auprès de votre malheureux père ; mais je n'en resterai pas moins votre amie sincère et dévouée. »

Elise fut heureuse en songeant que mademoiselle Darcy allait entrer dans une existence nouvelle, où elle trouverait peut-être plus de bonheur; toutefois, elle ne se dissimula pas que ce mariage allait sans doute rendre moins fréquentes ses relations avec Pauline, et peut-être même les faire cesser tout à fait.

Quelques semaines après cet événement, mademoiselle Merfeuil fut extrêmement surprise en voyant arriver une lettre de Claire. Elle avait été envoyée d'abord chez madame Delmond, d'où on venait de l'expédier à la nouvelle résidence d'Elise ; celle-ci s'empressa de la parcourir.

« Chère amie , lui disait mademoiselle Belton, c'est bien mal à vous d'avoir cessé ainsi de me donner de vos nouvelles. Quoi ! deux années à peine se sont écoulées depuis notre sortie de la pension, et vous avez oublié déjà l'engagement que nous avons pris de nous aimer toujours , tandis que moi si légère, si inconstante en apparence, je tiens mes promesses, et je voudrais être en votre présence pour vous faire rougir devant moi d'avoir violé ainsi les vôtres. Maintenant que je vous ai adressé de justes reproches, passons à d'autres sujets ; êtes-vous toujours dans cette ennuyeuse maison où vous devez passer des jours bien tristes, bien insipides? Pour moi je chante, je ris, je danse, je folâtre sans cesse. Mes toilettes de cette année ont été ravissantes ; mes amies cherchent en vain à les imiter.

» J'arrive maintenant à l'objet principal de ma lettre ; j'ai une grande nouvelle à vous annoncer ; je suis sur le point de me marier. Je vous vois d'ici vous récrier et vous dire : «Vous marier! vous, ma petite Claire, si folle et si étourdie, » et c'est pourtant là l'exacte vérité. Vous vous attendez, sans doute maintenant à ce que je vous donne de grands détails sur mon fiancé ; je n'en ferai rien, car je le connais peu ; il a été amené chez nous par un de nos parents éloignés. Il ne me plaît guère, et je ne sais trop pourquoi ma mère me pousse à contracter ce mariage. Il a plus de trente-deux ans ; sa tournure est sans élégance ; enfin il n'a rien de ce qui pourrait captiver une jeune fille de mon âge et de mon caractère. De plus, il est employé comme caissier dans un important établissement industriel, c'est-à-dire que durant tout le jour, il aligne des chiffres et empile de l'argent ; or, ce sont là des occupations bien propres à donner aux idées quelque chose de sec, de positif, qui ne me sourit guère.

» Vous voyez, chère Elise, que, bien différente de tant d'autres jeunes filles, je ne cherche point à vous éblouir sur les avantages de l'alliance que je vais contracter. Du reste, je ne me représente pas non plus comme une victime de l'obéissance filiale, car M. Fréval, mon futur époux, me paraît être d'un excellent caractère. Au lieu de trancher avec arrogance dans toutes les questions, il paraît oser à peine exprimer son opinion ; aussi, je suis certaine qu'il se laissera guider par moi. J'espère qu'il sera généreux, qu'il fera bien les choses, et en devenant sa compagne, je ne renonce ni aux belles parures ni aux plaisirs qui m'ont charmée jusqu'à ce jour. J'espère bien recevoir de M. Fréval de jolis cadeaux, et en attendant on me prépare pour le jour de mon mariage une toilette charmante. Combien je regrette, chère Elise, que vous ne puissiez y assister, mais je connais assez les usages de la pension pour savoir que vous êtes trop enchaînée à votre poste pour pouvoir réaliser mon désir. Ce sera pour moi une privation réelle, et je saisis cette occasion de vous renouveler encore l'assurance de mon inaltérable attachement.

» CLAIRE BELTON. »

Cette lettre produisit sur Elise une étrange impression.

— Hé quoi! se dit-elle, comment donc mon souvenir aura-t-il traversé son esprit? elle est pourtant toujours telle que je l'ai connue autrefois. Avec quelle imprévoyante légèreté, elle se prépare à accomplir un acte qui doit influer sur sa destinée tout entière! Je souhaite qu'elle soit heureuse, mais je tremble pour elle; je me demande avec effroi ce que l'avenir lui réserve, car dans tout ce qui a rapport à son prochain mariage je ne trouve pas un mot dicté par la raison ni par le cœur.

Toutefois, mademoiselle Merfeuil ne voulut point laisser passer la lettre de Claire sans réponse; elle lui adressa quelques paroles bien senties pour lui exprimer les vœux que, dans une occasion si solennelle, elle formait pour son bonheur, puis elle lui fit connaître son départ de la pension de madame Delmond, et le cruel malheur qui l'avait frappée. Toutefois, elle ne l'engagea point à se rendre chez elle, car elle ne désirait nullement renouer des relations plus intimes avec mademoiselle Belton. Elle savait qu'elle trouverait peu de charme dans la visite de Claire, qui ne pouvait guère l'entretenir que des préoccupations frivoles qui remplissaient son esprit.

Malgré les pressantes instances de mademoiselle Darcy, Elise ne voulut point consentir à se rendre à son invitation. Dans la disposition d'esprit où elle se trouvait, c'eût été s'imposer la contrainte la plus pénible, que de se joindre aux parents et aux amis que le colonel avait réunis pour fêter le mariage de sa fille; mais le jour où l'on célébra l'union de M. Gervilly avec mademoiselle Darcy, une jeune femme pieusement agenouillée priait avec ferveur dans un coin de l'église, c'était Elise qui, dans ce moment solennel, avait voulu invoquer le Ciel pour le bonheur de son amie.

Quelques semaines plus tard, quand arriva l'époque du mariage de Claire, mademoiselle Merfeuil voulut également assister à la cérémonie nuptiale ; elle n'était point entraînée par une vaine curiosité, mais par le désir d'accomplir un pieux devoir, en unissant ses prières à celles du prêtre qui offrait pour les deux époux le sacrifice de la messe.

Tandis qu'Elise était là humblement prosternée, elle vit passer, à ses côtés, Claire, belle et radieuse dans sa blanche parure de mariée. Loin de s'abandonner à un sentiment d'envie, en comparant son sort à celui de mademoiselle Belton, elle n'eut qu'une pensée, ce fut de demander à Dieu, dans un touchant et généreux élan de son ame, de réaliser les doux rêves d'avenir que faisait en ce moment la jeune femme, et surtout d'opérer en elle une transformation, qui la rendît capable de s'acquitter des obligations qui allaient lui être imposées.

V

Après le mariage de Pauline et de Claire, quelques mois s'écoulèrent pour M. Merfeuil et sa fille dans une calme uniformité. Les journées d'Elise étaient remplies par ses paisibles occupations, et elle n'avait pas d'autre désir que de rendre supportable l'existence de son malheureux père, lorsque tout à coup un incident nouveau vint changer sa destinée d'une manière inattendue.

M. Merfeuil avait un cousin qui s'était voué comme lui à la carrière de l'enseignement, mais qui, au lieu d'entrer dans l'instruction publique, s'était chargé de l'éducation de plusieurs jeunes gens de familles opulentes. Il remplissait en ce moment les fonctions de précepteur chez un riche Allemand, nommé Falker, qui était père de deux fils, et qui habitait provisoirement Paris. Un matin, M. Merfeuil reçut de lui un billet ainsi conçu :

« Mon cher parent, M. Falker est rappelé précipitamment à Hambourg pour surveiller des affaires importantes, et comme ses enfants l'accompagnent, je suis obligé de m'éloigner aussi. Je ne pourrai donc pas aller vous voir avant mon départ, mais voici pourquoi je tenais à vous écrire aujourd'hui. J'ai reçu, il y a quelques jours, une lettre d'un jeune homme dont j'ai fait autrefois l'éducation, et qui est certes celui de mes élèves pour lequel j'ai conservé le plus d'affection. Il se nomme Adrien Dolbar, et je crois vous en avoir parlé déjà ; le pauvre garçon a grandi avec l'espoir de recueillir un jour l'héritage d'une tante riche et généreuse qui lui a servi de mère, mais il paraît que son attente a été trompée, car il m'a appris la nouvelle que sa tante vient de mourir, laissant sa fortune à un parent éloigné. Il est donc presque sans ressources ; aussi, il m'annonce en même temps qu'il va venir à Paris, pour chercher à se créer un avenir, et il ajoute qu'il espère trouver auprès de moi secours et protection. Je ne pourrais faire grand'chose en sa faveur, mais du moins, je lui aurais donné mes conseils, et il sera vivement désappointé de ne pas me rencontrer. J'ai pris le parti de lui laisser ici un billet pour lui indiquer votre adresse, et l'engager à se rendre chez vous, mon excellent parent. Je sais que vous vivez dans la retraite, et que vous avez conservé bien peu de relations, mais vos encouragements lui viendront en aide, et ce sera certes une œuvre utile à accomplir, car Adrien est un jeune homme de cœur et d'intelligence, dont le sort est digne de pitié et d'intérêt. »

Cette lettre avait été écrite deux jours auparavant, et avait été tardivement remise à son adresse. Elise venait d'en terminer la lecture, et échangeait avec son père quelques réflexions sur M. Morland et sur son jeune protégé, quand un léger coup de sonnette retentit à la porte, et bientôt mademoiselle Merfeuil vit paraître un jeune homme d'une physionomie agréable et distinguée, mais d'une pâleur extrême.

C'était Adrien Dolbar, l'ancien élève de M. Morland; sa destinée présentait des circonstances étranges. Il avait de bonne heure perdu ses parents, qui ne lui avaient laissé aucune ressource, car son père avait compromis toute sa fortune dans de fausses spéculations.

Cependant son enfance ne s'en était pas moins écoulée bien doucement, et avait été entourée des caresses les plus tendres, des soins les plus dévoués, car il avait été confié à une tante de sa mère, nommée madame Blinval, qui, n'ayant jamais eu d'enfant, portait à son petit neveu une tendresse toute maternelle.

Elle était d'un naturel confiant, affectueux, mais sa bonté dégénérait souvent en faiblesse; aussi n'avait-elle songé qu'à satisfaire toutes les fantaisies de son cher Adrien. Or, sa position lui permettait de procurer à

son jeune protégé une vie agréable et facile,
car elle possédait une fortune assez considérable, et habitait une charmante résidence
dans le village de Lucival, sur les bords
riants et fertiles de l'Indre.

C'est là qu'Adrien avait grandi seul avec
sa tante, sans qu'une pensée amère ou importune vînt attrister un moment son existence. Il avait montré dès ses premières
années un caractère doux, timide, disposé à
l'obéissance ; ses manières avaient une grâce,
une délicatesse toute féminine ; aussi madame Blinval n'avait-elle jamais eu besoin
d'avoir recours à la sévérité pour établir sur
lui son empire. Malgré son indulgence, elle
le trouvait toujours docile et respectueux.

C'était, du reste, une femme sincèrement
pieuse et attachée à tous ses devoirs ; elle
avait mis ses plus douces jouissances à faire
germer dans son cœur l'amour du bien, à
lui inspirer des sentiments d'amour et de
reconnaissance envers Dieu.

Adrien écoutait avec attention ses pieuses
leçons, il la charmait par ses questions
naïves qui révélaient plus de pénétration,

plus de réflexion qu'on n'en a d'ordinaire à son âge. Il recherchait peu la société des autres enfants; leur vivacité, leur étourderie lui déplaisait; il préférait à leur société, soit la lecture de jolies histoires à la portée de son intelligence, soit quelque jeu solitaire dans les allées des bosquets. Ce n'était pas pourtant qu'il fût sombre et taciturne, mais sa gaieté ne se manifestait pas par de bruyants éclats.

Il avait appris, pour ainsi dire, en se jouant auprès de madame Blinval, la lecture, l'écriture et les premiers éléments de la religion. Aussi, quand vint pour lui le moment de songer aux études sérieuses, l'excellente femme ne voulut pas pour son neveu de la rude existence du collége. Elle aurait souffert d'être séparée de lui; d'ailleurs, tout en appréciant les avantages de l'éducation donnée en commun, elle craignit qu'avec son caractère doux et timide il n'eût beaucoup à souffrir des espiègleries de ses jeunes compagnons, et qu'il ne perdît peu à peu cette candeur, cette gentillesse de manières qu'elle aimait à trouver en lui.

Madame Blinval fit donc venir comme précepteur M. Hyppolite Morland, le parent de M. Merfeuil. C'était un homme instruit, doué de beaucoup de tact et de finesse; il comprit sur-le-champ le caractère de la tante et du neveu. Il entrevit dans son élève des dispositions heureuses, une rare facilité de conception, un sentiment inné du beau; mais il reconnut en même temps que le jeune Dolbar n'avait point cette énergie, cette persévérance qui peuvent seules féconder le travail. Il se dit que la tendresse de madame Blinval s'alarmerait bien vite s'il voulait imposer à son élève une tâche difficile et contraindre ses goûts. Il se borna donc à tirer parti de ses bonnes dispositions, sans songer à vaincre cette espèce d'indolence naturelle à son caractère.

Adrien avait toujours joui d'une extrême liberté; M. Morland se promit de ne lui demander que ce qu'il pourrait en obtenir par la persuasion, et de ne point exiger de lui une application soutenue et régulière.

L'arrivée du précepteur ne produisit donc pas un changement complet dans l'existence d'Adrien ; ainsi pendant la belle saison il faisait avec M. Morland de longues et fréquentes promenades dans les environs de l'habitation ; mais chaque phénomène de la nature, chaque plante nouvelle qui frappait leurs regards devenaient pour le professeur un sujet de digressions écoutées par l'élève avec une attention profonde.

Adrien avait l'imagination vive et ardente ; il s'exaltait à la pensée des grandes et nobles choses ; il ne fut donc pas difficile à son précepteur de former son goût en lisant avec lui des morceaux choisis de notre littérature, et en lui en faisant admirer les beautés.

Adrien parvint bientôt à écrire avec élégance, à posséder une connaissance exacte de notre langue. Les premiers éléments du latin lui parurent difficiles à franchir ; mais une fois familiarisé avec eux, il avança dans cette étude d'un pas rapide, captivé qu'il était par la beauté de cette langue qu'ont immortalisée les illustres écrivains de l'ancienne Rome. Il se plut à traduire les commentaires où César retrace avec une si éloquente concision cette lutte suprême d'un peuple généreux et vaillant qui veut à tout prix sauver sa liberté ; mais ce qui l'enthousiasma surtout, ce furent les harangues de Cicéron et les chants harmonieux du cygne de Mantoue.

Il eût bien voulu posséder aussi la connaissance du grec, et M. Morland ne négligea rien pour lui inspirer le désir d'étudier avec persévérance la langue de ce peuple héroïque, dont les annales renferment tant d'actions sublimes et éclatantes. Après quelques mois d'essai, Adrien se laissa promptement décourager, et il abandonna cette étude pour celle de l'anglais, dans laquelle il fit bientôt des progrès assez rapides.

L'histoire des peuples de l'univers avait aussi beaucoup d'attrait pour lui ; mais il se plaisait surtout à étudier les caractères des rois et des princes, à voir les différentes transformations qu'avaient subies les mœurs et les coutumes sans pouvoir se résoudre à fixer dans son esprit d'une manière approfondie l'enchaînement des faits, et la date précise du moment où ils s'étaient accomplis.

Adrien n'éprouvait que de la répugnance pour l'étude des sciences exactes; elle lui semblait aride, pénible et lassait promptement son attention. Aussi parvint-il à l'adolescence, sans acquérir les connaissances usuelles avec lesquelles sont souvent familiers les plus jeunes enfants.

Lorsque M. Morland s'éloigna de Luoival, le jeune Dolbar, malgré les belles facultés dont il était doué, ne possédait qu'une instruction incomplète dont il eût été fort embarrassé de tirer parti. Du reste, il n'avait pas d'autre projet que de continuer à habiter la demeure de sa tante, et, bien loin d'être agité par d'ambitieux désirs, il ne songeait qu'à y vivre libre, indépendant, heureux, répandant ses bienfaits sur les habitants du village.

Madame Blinval recevait souvent la visite d'un de ses parents nommé M. Cauvert, qui demeurait dans son voisinage. C'était un homme assez avancé en âge, et qui avait exercé autrefois la profession de notaire; il avait une grande réputation de justice et de sagesse; aussi, madame Blinval avait-elle

souvent recours à ses conseils et à ses lumières

Il avait blâmé énergiquement le système
d'éducation qu'elle avait suivi pour son
neveu ; il l'avait engagée maintes fois à
chercher à lui ouvrir une carrière libérale,
par exemple à lui faire entreprendre l'étude
du droit, ou celle de la médecine. Madame
Blinval approuvait la justesse de quelques-
uns de ses arguments, mais elle s'effrayait à
l'idée de voir son fils adoptif abandonné pour
ainsi dire à lui-même au sein d'une grande
ville, où il se trouverait en contact avec des
jeunes gens aux goûts frivoles, aux mœurs
corrompues. Elle reculait devant cette pensée, et l'influence de M. Cauvert ne pouvait
vaincre sa répugnance.

Quant à Adrien, il aimait la vie calme et
uniforme de la campagne, non pas qu'il
s'absorbât dans les jouissances matérielles,
mais il trouvait autour de lui de quoi répondre aux besoins de son ame ; la vue des
aspects variés de la nature excitait en lui le
plus vif enthousiasme.

Grâce à l'affabilité de ses manières, chacun

l'aimait dans le pays, et quand on le voyait passer monté sur un joli cheval dont sa tante lui avait fait présent, et adressant à tout le monde un salut amical et bienveillant, chacun s'écriait aussitôt :

— Est-il gentil ! est-il aimable ! le neveu de madame Blinval !

C'est qu'en effet on ne pouvait voir un extérieur plus distingué que celui d'Adrien ; il y avait dans tous ses mouvements une grâce inimitable. Son regard doux et limpide reflétait la paix de son ame, et sa physionomie portait l'empreinte du bonheur ; tout ne semblait-il pas lui sourire dans le présent comme dans l'avenir ?

Hélas ! un cruel réveil allait bientôt l'arracher à cette existence si douce, si fortunée, pour le mettre aux prises avec des souffrances, des difficultés qui paraissaient devoir lui être épargnées.

Madame Blinval fut atteinte tout à coup d'une maladie qui devait la conduire en peu de temps vers la tombe ; elle ne se fit pas longtemps illusion sur sa position, et si un sentiment pénible s'empara d'elle à la pensée de voir arriver le terme de son existence, ce fut surtout en songeant à son neveu, si jeune et si inexpérimenté, qu'elle eût voulu pouvoir longtemps encore guider dans la vie.

Madame Blinval jetait souvent sur lui un regard douloureux ; Adrien comprenait le malheur qui le menaçait, et le pauvre jeune homme, si peu familiarisé avec la douleur, s'y abandonnait avec une sorte de surprise et d'effroi.

Les tristes pressentiments de madame Blinval ne devaient que trop tôt se réaliser, et bientôt arriva le terme de son existence. Sa mort fut, comme sa vie, pieuse et édifiante ; elle s'endormit doucement du sommeil éternel, et Adrien versa des larmes bien amères en recueillant le dernier soupir de celle qui avait protégé sa jeunesse.

Deux jours plus tard, les habitants de Lucival suivaient avec recueillement le convoi funèbre de cette excellente femme, en qui ils avaient trouvé constamment une bienfaitrice généreuse et compatissante.

Adrien donna des regrets sincères à sa mémoire ; mais sans songer que cette mort dût amener aucun changement dans sa situation. Il assista froidement à l'accomplissement de toutes les formalités judiciaires, et ne manifesta nul désir de connaître promptement les dernières volontés de sa tante. Aucune appréhension ne s'élevait à cet égard dans son esprit ; n'était-il pas pour elle un fils et un fils bien-aimé?

Quel fut donc son étonnement, en apprenant que madame Blinval ne lui destinait qu'une somme insignifiante, et avait choisi M. Cauvert pour son légataire universel.

Une semblable détermination était certes de nature à jeter le trouble et la surprise dans l'ame d'Adrien ; aussi, pendant les premiers moments qui suivirent cette révélation, on eût pu croire qu'il avait perdu le sentiment de la réalité, et la conscience de ce qui se passait autour de lui.

Hé quoi! sa tante, si bonne et si dévouée, l'avait oublié à ses derniers moments ; elle avait disposé de sa fortune en faveur d'un autre : c'était là une pensée qui déchirait cruellement l'ame du jeune homme, et l'adversité l'accablait d'autant plus qu'il n'avait connu jusque-là que des jours heureux et prospères..

Il n'entrevoyait cependant pas encore toutes les conséquences du testament de madame Blinval, car il n'était point familiarisé avec les choses de la vie, et jusque-là il avait joui de la richesse sans bien en apprécier la valeur.

Cet événement fit grand bruit dans le pays, et produisit d'autant plus d'étonnement qu'on connaissait la tendresse de madame Blinval pour son neveu.

Toutefois, l'opinion générale fut que M. Cauvert ne voudrait point conserver entièrement l'héritage qui lui était échu si inopinément, et qu'il en ferait au moins une large part au jeune Dolbar. Il n'en devait point être ainsi, et Adrien n'eût voulu pour rien au monde solliciter quelque chose de lui. Il resta d'abord plongé dans une sorte d'anéantissement, sans avoir une pensée pour l'avenir, sans songer au parti qu'il devait prendre. Entraîné cependant par les conseils qu'on lui prodiguait, il se décida enfin à aller faire une visite au parent de madame Blinval.

Celui-ci le reçut froidement ; il évita de faire aucune allusion à la succession qu'il venait de recuelllir, et au changement qui allait s'opérer dans la situation du jeune homme. Adrien imita sa réserve, et s'éloigna convaincu qu'il n'avait rien à attendre de M. Cauvert.

Si le caractère d'Adrien était faible et indécis, il y avait en lui une certaine noblesse d'ame qui lui inspira bientôt de généreuses résolutions. Il se promit de faire d'énergiques efforts pour déjouer la mauvaise fortune, pour se créer par lui-même une position indépendante. Grâce à son inexpérience, il se faisait illusion à lui-même sur les obstacles qu'il aurait à rencontrer, car il ignorait les difficultés qui hérissent l'entrée de toutes les carrières pour un jeune homme sans ressources et sans protection.

Ses vues se portèrent sur-le-champ vers Paris, centre où rayonnent de tous les points de la France ceux qui ont vainement demandé à leur pays des moyens d'existence, et ceux qui croient sentir en eux le germe des talents qui conduisent à la gloire. Adrièn

n'était nullement fixé sur ce qu'il allait faire,
mais il résolut d'aller trouver M. Hyppolite
Morland, son ancien précepteur, dont il connaissait l'adresse, car depuis leur séparation
il avait échangé quelques lettres avec lui.

Une fois cette décision prise, il ne tarda
pas à l'exécuter; il vit 'd'un] œil morne
M. Cauvert s'installer dans la maison de sa
tante, puis, le matin d'une mélancolique journée d'automne, il quitta à pied Lucival pour
s'acheminer vers Paris.

Il brisait ainsi avec un passé tout rempli
de doux souvenirs, pour s'élancer vers un
avenir inconnu, et pourtant sa contenance
était calme et ne trahissait point d'abattement; ah! c'est que l'espérance, si vivace au
cœur d'un adolescent, soutenait et ranimait
son courage; elle éclairait son horizon qui,
quelques jours auparavant, lui apparaissait
chargé de si sombres nuages.

Une première déception l'attendait cependant; nous savons déjà qu'il n'avait point
rencontré M. Morland comme il l'espérait; il
n'avait trouvé qu'un billet dans lequel celui-
ci lui annonçait les motifs de son départ pré-

cipité, et lui donnait l'adresse de M. Merfeuil, en ajoutant qu'Adrien trouverait en
lui un homme respectable, et obligeant qui
serait prêt à l'éclairer de ses conseils.

M. Dolbar n'hésita pas à se rendre chez
celui qui lui était indiqué, car il était en
proie au plus cruel embarras : c'était en
effet pour lui quelque chose d'étrange que de
se trouver seul, isolé au milieu d'une ville
immense.

Il lui en coûtait cependant de faire cette
démarche, mais il parvint à surmonter sa
timidité, et, une fois introduit en présence de
M. Merfeuil, il lui expliqua avec franchise le
but de sa visite.

— Monsieur, lui répondit le père d'Elise
avec bonté, vous n'êtes point un inconnu
pour moi, car mon parent m'a parlé de vous,
et je sais combien votre situation est digne
d'intérêt. Je voudrais vous offrir un appui
efficace; mais je suis moi-même dans une
position bien humble, et vous voyez qu'une
cruelle infirmité me sépare pour ainsi dire
du reste de la société. Toutefois, ne perdez
pas courage; avec votre jeunesse, votre ins-

truction, et l'amour du travail vous arriverez certainement à un emploi honorable. J'ai conservé encore quelques relations, et, si vous le voulez, je vous recommanderai à un chef d'institution de ma connaissance qui pourra sans doute vous faire entrer comme surveillant dans son établissement. C'est là, je crois, le seul poste qui puisse vous convenir, car l'accès de toutes les autres professions demande une longue et difficile préparation. Vous pourrez travailler à vous faire recevoir bachelier, et plus tard conquérir l'un après l'autre tous les titres universitaires. N'est-ce pas là un noble but à poursuivre? Y a-t-il une plus belle mission que de former l'esprit des jeunes gens, et de les initier en même temps à leurs devoirs envers Dieu et envers la société?

Adrien avait écouté M. Merfeuil avec recueillement; il lui exprima combien il était reconnaissant de son bienveillant accueil, et lui protesta qu'il ne suivrait pas d'autres conseils que les siens.

Adrien se sentait tout attendri en s'éloignant de cet humble séjour où tout respirait le calme, où régnait dans l'arrangement des plus petites choses un ordre qui faisait plaisir à voir. Il avait surtout été vivement impressionné par la vue de ce bon vieillard si cruellement frappé par le malheur, et dont le visage serein indiquait assez avec quelle noblesse d'ame il supportait l'adversité.

Cependant M. Merfeuil tint parole; il écrivit à un chef d'institution pour lui proposer M. Dolbar, et quelques jours après, Adrien entrait chez lui en qualité de maître d'étude, chargé de la surveillance des plus jeunes élèves.

Quel immense changement pour Adrien, accoutumé à une vie douce et molle, à une complète indépendance, que de se voir tout à coup entouré d'enfants bruyants, indociles, railleurs, auxquels il devait faire respecter les lois de la discipline! Toutefois, il résolut d'accomplir courageusement sa mission; mais, hélas! il n'avait pas la fermeté de caractère nécessaire pour maintenir son autorité, et d'ailleurs la délicatesse avec laquelle il avait été élevé, le rendait sensible à tous les petits froissements d'amour-propre. Il souffrait de son isolement, accoutumé qu'il était à la tendresse, aux douces paroles de sa bonne tante, et il ne pouvait toujours dissimuler sa douleur.

Or, les enfants sont sans pitié à l'égard de ceux qui sont chargés de réprimer leurs mauvais penchants, de contenir dans de justes limites les éclats de leur bruyante gaieté. L'air d'abattement d'Adrien, et les larmes qui roulaient parfois dans ses yeux, encourageaient ses élèves à la révolte, en lui révélant la faiblesse de son caractère. Il devint l'objet d'une persécution incessante; aussi prit-il bientôt sa tâche en dégoût, et quelques mois plus tard, son départ de l'institution était devenu nécessaire.

M. Dolbar, découragé, se rendit chez M. Merfeuil; il croyait toutefois ne plus avoir droit à son intérêt; mais celui-ci savait par M. Brizar, le chef d'institution, tout ce qui s'était passé. Il connaissait les efforts héroïques que le jeune homme avait faits pour acquérir uue volonté ferme et énergique, pour prendre plus d'ascendant sur l'esprit de ses élèves. Il lui prodigua donc les encouragements ; toutefois, il ne l'engagea point à se placer de nouveau comme maître d'études, car il comprenait qu'Adrien ne possédait point l'aptitude nécessaire pour remplir ces fonctions. Il lui promit donc de l'aider à trouver quelques répétitions qui lui fournissent de quoi vivre, jusqu'à ce qu'il se fût créé une autre position.

En l'entendant, Adrien sentit se ranimer en lui l'espérance et la confiance; il quitta M. Merfeuil animé d'une ardeur nouvelle pour lutter contre les difficultés de sa situation. Le père d'Elise ne lui avait pas prodigué de vaines promesses; grâce à sa recommandation, un professeur de sa connaissance parvint à procurer à M. Dolbar quelques leçons particulières. C'était là une tâche qu'il pouvait accomplir, car elle exigeait moins d'énergie de volonté, que la surveillance dont il était chargé chez M. Grizar, et il trouvait au moins dans cette existence une sorte d'indépendance.

Il est vrai que cette liberté même n'était pas sans danger, et qu'abandonné à lui-même au sein d'une grande ville, où les séductions

s'offrent de toutes parts, il eût pu facilement
se laisser aller aux plus coupables entraînements, et s'abandonner à une funeste dissi-
pation ; mais Adrien avait dans l'ame le sentiment de l'honnête et du bien ; au milieu
des souffrances de sa vie, il conservait dans
toute leur pureté les principes de religion et
de morale, que lui avait donnés sa bonne
tante, et qui devaient le mettre en garde
contre toute tentation dangereuse.

M. Merfeuil avait remarqué tout ce qu'il
y avait en lui de candeur, de droiture ; aussi
ressentait-il le plus vif intérêt pour le neveu
de madame Blinval. Celui-ci faisait d'assez
fréquentes visites à M. Merfeuil, car il aimait
à s'entretenir avec lui, à profiter de ses lumières et de son expérience.

D'ailleurs, il y trouvait toujours un accueil
sympathique et bienveillant, et jamais il ne
franchissait le seuil de cette maison, sans
éprouver un sentiment doux et consolant. Il
voyait constamment la résignation peinte
sur le visage de M. Merfeuil ; il admirait le
pieux dévouement de sa fille, et, à l'aspect
de ces deux êtres, il se réconciliait avec la

nature humaine, qu'il se prenait parfois à haïr dans ses moments de douleur et d'abattement.

La tristesse douce et grave empreinte sur les traits d'Elise, contrastait avec son air de jeunesse, et donnait à sa physionomie une expression remarquable. Elle montrait en toutes circonstances cette timide réserve qui sied si bien à une jeune fille ; elle parlait peu, mais son langage choisi révélait bien vite un esprit cultivé, une organisation délicate et impressionnable.

Adrien ne pouvait rester insensible à tant de qualités charmantes, et un jour une pensée radieuse vint faire palpiter son cœur, c'était d'unir sa destinée à celle de mademoiselle Merfeuil, de choisir pour la compagne de sa vie cette jeune fille accomplie, qui remplissait si bien la mission d'ange consolateur.

Toutefois, sa position était si précaire, qu'il repoussa bientôt cette espérance comme un désir insensé, et quoique son isolement lui parût bien pénible, il se promit de ne faire aucune tentative pour obtenir la réalisation de ses vœux ; pendant quelque temps, il cacha soigneusement l'espoir qu'il avait osé concevoir.

La providence destinait sans doute l'une à l'autre ces deux ames si belles, si pures, si cruellement éprouvées par l'infortune, car, après de longues hésitations, Adrien se décida un jour enfin à parler timidement à M. Merfeuil du projet auquel il osait à peine donner accès dans son esprit.

Le père d'Elise ne repoussa point sa demande ; il l'écouta avec bonté, et lui promit de réfléchir à sa proposition et d'en parler à sa fille. Le pauvre M. Merfeuil se sentait entraîné vers la tombe ; il tremblait à l'idée de laisser sa chère Elise sans soutien, sans protection. Or, il appréciait la noblesse d'ame d'Adrien, et il avait foi dans son avenir ; quoique pour le moment les ressources du jeune Dolbar fussent bien restreintes, le bon père sourit à la pensée d'une alliance qui assurerait à sa fille un ami sincère au cœur généreux et dévoué.

Elise fut étrangement surprise de la proposition d'Adrien ; dès sa première entrevue avec lui, elle avait remarqué la convenance de son langage, la distinction de ses manières, l'exquise sensibilité qui se manifestait dans tous ses discours, et la triste situation du jeune homme lui avait inspiré un profond intérêt.

Elle eût hésité, sans doute, à contracter un mariage disproportionné avec un homme riche, bien placé dans la société, auquel elle n'eût pu offrir en retour aucun avantage de fortune, mais elle se montra bientôt disposée à réaliser les désirs de son père, car c'était pour elle une perspective vraiment séduisante, que d'embellir les jours de ce bon et loyal Adrien, qui luttait si courageusement contre l'adversité.

— Il est pauvre comme moi, se dit-elle, nous unirons nos travaux, nos efforts, et peut-être Dieu voudra-t-il les bénir.

Quelques jours plus tard, M. Dolbar apprit avec bonheur que mademoiselle Merfeuil accueillait sa recherche, et consentait à lui consacrer sa vie.

Leur union s'accomplit sans pompe, sans apparat; ils s'avancèrent presque seuls vers l'autel nuptial; mais si un brillant cortége ne se pressait pas sur leurs pas, si l'éclat du luxe n'ajoutait rien à la solennité de la cérémonie, ils n'en éprouvaient pas moins une religieuse et profonde émotion, et ils se sentaient vivement pénétrés des devoirs que leur imposait le serment qu'ils venaient de prêter en face du Ciel, et qui les unissait pour toujours l'un à l'autre.

Elise n'avait pu faire part à ses deux amies du changement qui allait s'opérer dans son existence, car immédiatement après son mariage, Claire était partie pour un voyage d'agrément, et elle n'avait pas fait connaître son retour à mademoiselle Merfeuil.

Quant à Pauline, elle avait dit adieu pour longtemps à la France; elle était depuis quelques mois l'épouse de M. Gervilly, quand celui-ci avait été envoyé en Egypte, pour y remplir une mission importante. Quoique son absence dût être de plusieurs années, sa jeune femme avait voulu l'accompagner, non qu'elle éprouvât pour lui un bien vif attachement; mais elle était charmée de saisir cette occasion de voir passer sous ses yeux des contrées nouvelles.

Avant son départ, elle avait fait à Elise une courte visite d'adieu; mais depuis cette époque, pas une lettre d'elle n'était venue lui apprendre qu'elle restait fidèle à leur amitié d'autrefois.

VI

LES NOUVEAUX EPOUX.

Elise n'aurait voulu pour rien au monde se séparer de son père, et si elle avait consenti à son mariage avec M. Dolbar, ce n'est qu'avec la certitude qu'elle resterait à côté de M. Merfeuil, et continuerait à l'entourer de ses soins.

Comme les occupations d'Adrien le retenaient à Paris, il fut convenu que les nouveaux époux et leur excellent père s'installeraient dans un humble logement de la rue Saint-Jacques, non loin de l'institution dans laquelle le jeune professeur était occupé pendant quelques heures de la journée.

Le rêve du neveu de madame Blinval se trouvait donc réalisé ; il n'était plus seul dans la vie ; une affection profonde remplissait son cœur ; il lui semblait que tous les obstacles allaient s'aplanir devant lui ; bientôt son exaltation s'affaiblit de nouveau au contact de la réalité.

C'était une bonne et loyale nature que celle d'Adrien, mais il était prompt à se laisser abattre, et il devait éprouver encore bien des mécomptes, bien des déceptions. Il possédait une élocution élégante et facile, un esprit vif et orné, et pourtant il réussissait peu dans la tâche qu'il avait entreprise, car la persévérance lui faisait souvent défaut, et son imagination capricieuse l'égarait loin des objets qui eussent dû captiver son attention.

Elise comprit bientôt le caractère de son époux ; mais douée d'une ame plus ferme, elle entrevit sans trop d'effroi la mission qu'elle allait avoir à remplir.

Quand elle le voyait rentrer pâle, sombre, le front chargé de nuages, et prêt à laisser échapper des paroles tristes et amères, elle lui montrait son père d'un air suppliant, comme pour lui dire :

— Epargnez-le, je vous en conjure ; ah ! qu'il me croie heureuse, et que cette illusion embellisse ses dernières années !

M. Dolbar, respectant sa piété filiale, retenait alors les plaintes prêtes à s'échapper de ses lèvres, et d'ailleurs les paroles amicales et le doux sourire d'Elise ranimaient bientôt en lui l'espérance. Aussi, M. Merfeuil disait parfois à sa fille, en la baisant au front :

— Ma bien-aimée, tu as coulé de tristes jours à l'âge où tant d'autres ne connaissent que les joies de la vie ; mais, j'en ai l'espoir, tu auras aussi ta part de bonheur, car Adrien est bon, généreux ; il a du cœur, de l'intelligence, et parviendra à se créer une position indépendante.

Cette pensée d'un avenir prospère réservé à son enfant chérie apaisait en lui tout sentiment de douleur et de regret ; tranquille sur le sort d'Elise, il tournait vers le ciel toutes ses aspirations, et voyait sans effroi approcher le terme de sa vie. Sa faiblesse augmentait rapidement, il était presque sans cesse cloué sur son lit de douleur, et un jour, enfin, il s'éteignit doucement en pressant dans ses mains celles d'Elise et d'Adrien, en murmurant encore d'une voix éteinte des paroles de tendresse et de bénédiction.

La douleur de madame Dolbar fut immense ; elle seule connaissait toute la noblesse de ce cœur qui avait pour toujours cessé de battre, il lui semblait que quelque chose venait de se briser en elle, et que jamais elle ne pourrait s'accoutumer à l'absence de cet ami si cher et si dévoué. Adrien mêla ses larmes aux siennes ; lui aussi regrettait l'excellent homme dont les conseils étaient toujours empreints d'une si profonde sagesse, d'une si affectueuse bonté.

Bientôt un nouvel événement vint distraire la jeune femme de sa douleur ; elle devint mère d'une jolie petite fille qui reçut le nom d'Adrienne, et dont la naissance éveilla dans le cœur des deux époux une mélange de joie et d'appréhension. S'ils se sentaient heureux à l'idée de voir grandir sous leurs yeux ce petit être charmant, qui leur était attaché par des liens si doux et si sacrés, ils ne se dissimulaient pas combien leur situation était précaire et embarrassante.

En effet, la mort de M. Merfeuil les avait privés de sa modeste pension qui constituait une grande partie de leurs ressources, et les leçons données par Adrien lui formaient un revenu bien incertain, qui pouvait s'amoindrir, et même cesser d'un moment à l'autre sous l'influence des plus légères circonstances.

Parmi ses élèves, M. Dolbar comptait le fils d'un riche marchand, nommé M. Bérard qui, en faisant donner à son fils quelques répétitions, espérait lui faire obtenir les premiers prix de sa classe. Or, le jeune Adolphe Bérard était un enfant étourdi, irréfléchi ; quand arriva la fin de l'année, il ne fut pas même nommé pour un simple accessit.

Monsieur et madame Bérard tournèrent tout leur mécontentement contre M. Dolbar ; ils lui écrivirent très-séchement qu'ils le remerciaient de ses leçons, et, désireux de voir chacun se conformer à leur manière d'agir, ils ne manquèrent pas de faire des insinuations contre le jeune professeur, en présence de quelques-uns de leurs amis, de sorte que dans le même moment à peu près deux autres de ses élèves lui manquèrent à la fois.

Le jour où il apprit cette nouvelle, M. Dolbar rentra au logis, pâle et désespéré; il lui semblait qu'une sorte de fatalité le poursuivait.

Dans ses moments de loisir, il esssayait en vain de se livrer au travail, de continuer ses propres études, il se sentait chaque jour plus loin du but qu'il poursuivait. C'est qu'il n'avait point le calme d'esprit nécessaire pour travailler avec fruit, avec succès, et d'ailleurs il subissait toujours l'influence de son éducation, et les années ne lui apportaient point cette force de volonté qui seule assure le succès, et fait triompher des obstacles.

Parfois, quand il voyait sur son passage le déploiement d'un luxe qui contrastait avec sa situation, il se laissait aller à d'amères récriminations contre le sort qui, disait-il, dispense injustement les dons de la fortune. Sa pensée se reportait alors vers Lucival, vers sa tante, et les tendres soins de sa compagne ne pouvaient l'arracher à son désespoir,

Elise souffrait de l'abattement de son époux ; elle eût voulu lui inspirer de la force d'ame, lui voir supporter l'adversité avec la même résignation dont elle-même faisait preuve, elle eût voulu surtout contribuer à alléger la tâche d'Adrien ; mais que faire ? Elise portait vainement ses regards autour d'elle avec une douloureuse anxiété.

Dans sa pension, elle passait, il est vrai, pour une excellente musicienne, mais, dépourvue d'appui et de protection, où pouvait-elle trouver des élèves ? d'ailleurs, elle ne devait point songer à s'éloigner du logis, car son jeune enfant réclamait sa présence et ses soins assidus.

La jeune femme avait parfois dans le cours de ses études consacré ses moments de loisir à écrire quelques compositions sur les sujets qui frappaient son esprit. Elle les avait communiquées à son père qui les avait lues avec attendrissement, et avait vu dans ces légères productions les germes d'un talent réel.

Certes, elle n'avait jamais ambitionné la gloire littéraire, et il lui en eût coûté de sortir de sa paisible obscurité pour chercher à conquérir les suffrages du public ; mais pourtant, au sein de sa détresse, elle eut un moment la pensée de recourir à sa plume, pour se procurer des ressources qui pussent ramener un peu d'aisance et de bien-être sous son toit.

— Ah! se disait-elle avec exaltation, il me semble qu'inspirée par ma tendresse pour ma famille, je trouverais des situations neuves et touchantes, je donnerais à mon style cette élégance , cette vivacité qui charment et ravissent le lecteur.

Hélas! ce n'était là qu'une riante chimère; la réalité se dressa bientôt devant elle, froide et douloureuse. Son nom était inconnu; le besoin la pressait; aussi, après quelques tentatives inutiles, elle comprit que nulle part elle ne trouverait un prix convenable de ses productions, et d'ailleurs, elle sentit bien vite que l'imagination s'émousse dans une lutte incessante contre les difficultés de la vie matérielle.

Madame Dolbar ne se laissa point encore abattre , car elle puisait son courage dans une piété sincère, dans le sentiment profond de ses devoirs; elle se rappela son habileté à manier l'aiguille, et se promit de chercher du travail. Cette pensée ne l'humiliait point, car le but qu'elle poursuivait ennoblissait tout à ses yeux.

Elle se garda bien de faire part de sa détermination à Adrien; elle n'ignorait pas qu'il en souffrirait cruellement, lui qui s'était toujours bercé de l'idée qu'il assurerait à sa compagne une existence aisée et indépendante.

Elise se présenta donc dans un magasin de lingerie dont la maîtresse la connaissait, car elle avait autrefois habité Melun, à l'époque où M. Merfeuil y occupait un emploi de professeur. Celle-ci l'accueillit avec bienveillance, et s'empressa de lui donner quelques broderies à confectionner.

Madame Dolbar se mit à l'œuvre à l'insu de son époux, profitant pour cela de ses fréquentes absences, et quand elle reçut pour la première fois quelques pièces d'argent pour le paiement de son travail, sa joie fut si douce qu'elle redoubla d'efforts et d'activité, et consacra dès lors à ses travaux de broderie la plus grande partie de ses instants.

Adrien remarqua enfin la persistance avec laquelle elle tenait entre ses mains des morceaux de tulle et de mousseline; il entrevit peu à peu toute la vérité, et il eut alors une explosion de douleur. Il gémissait de son impuissance, et la pensée de la pauvre jeune femme réduite à lutter par un travail pénible contre la gêne et les privations éveillait en lui les sensations les plus déchirantes; pourtant, jamais une parole de regret ne s'échappait des lèvres de madame Dolbar; elle connaissait les aspirations généreuses du cœur de son époux; elle était certaine d'en être aimée, et cette douce affection la soutenait dans ses épreuves.

Elise trouvait encore des moments de bonheur en pressant sur son cœur sa chère petite Adreinne, qui commençait à lui sourire, à balbutier son nom. Quand elle invoquait le Ciel pour son enfant, elle ne demandait point pour elle un sort prospère, mais elle lui souhaitait surtout un cœur pur, une ame dévouée et de l'attrait pour la piété.

Madame Dolbar avait complétement perdu de vue Pauline et Claire ; madame Gervilly ne lui écrivait point et semblait l'avoir tout à fait oubliée. Elise savait que madame Fréval habitait Paris ; mais elle ne faisait aucune tentative pour se rapprocher de la jeune femme. Quand on est aux prises avec le malheur, il est doux d'entendre la voix d'une amie compatissante et dévouée, mais on aime à voiler son infortune aux yeux des indifférents ; or, Elise connaissait trop la frivolité, l'inconstance de Claire pour espérer de trouver en elle un intérêt sincère et réel. Un sentiment de dignité l'empêchait de chercher à renouer des relations avec son ancienne compagne qu'elle croyait placée dans une situation de fortune bien différente de la sienne, et qu'elle savait du reste préoccupée uniquement du soin de ses plaisirs et de ses parures.

Un jour pourtant, Elise se trouva inopinément en sa présence ; elle sortait de l'Eglise Saint-Roch, lorsqu'elle aperçut à quelques pas devant elle madame Fréval coquettement vêtue et entourée de quelques jeunes femmes mises aussi avec beaucoup d'élégance. Leurs regards se rencontrèrent; Elise s'inclina en souriant, mais Claire détourna la tête sans paraître la reconnaître. Madame Dolbar reporta alors sa pensée sur son modeste costume; elle comprit que son amie aurait rougi de laisser soupçonner leur liaison aux personnes qui l'accompagnaient. Elle s'éloigna le cœur ulcéré, offrant cette nouvelle douleur au Dieu qui parsemait sa vie de si pénibles épreuves.

VII

UNE JEUNE FEMME IMPRÉVOYANTE.

Si Elise avait à traverser des jours tristes et pénibles, Claire se trouvait, elle aussi, aux prises avec les chagrins, les inquiétudes, et elle voyait peu à peu s'évanouir ses fraîches illusions d'autrefois.

Nous l'avons vue se lancer avec ardeur dans le tourbillon des fêtes mondaines, puis consentir avec une imprévoyante légèreté à devenir la compagne de M. Fréval, sans comprendre les devoirs qu'elle aurait à remplir envers celui auquel elle allait unir sa destinée.

Or, M. Fréval était un homme parfaitement honorable, mais d'un extérieur peu avantageux, et ses goûts, ses habitudes n'étaient nullement en rapport avec ceux de la jeune femme.

Il était né, il avait grandi au sein d'une famille de laborieux cultivateurs ; guidé par le désir de se créer une position avantageuse, il avait de bonne heure quitté son pays pour venir à Paris, et, grâce à de pressantes recommandations, il était entré comme teneur de livres dans une fabrique assez importante. Là, Louis Fréval s'était distingué par son intelligence, son activité et par son aptitude pour la comptabilité ; aussi, au bout de quelques années, était-il parvenu à occuper la place de caissier dont les émoluments étaient assez considérables.

Il avait l'ame honnête, loyale, il était susceptible d'éprouver un attachement réel ; mais son long séjour dans une grande ville n'avait pu lui enlever une grande timidité de caractère, et une certaine gaucherie dans les allures qui dénotait bien vite son origine.

Quand il forma le projet de s'établir, ce ne

fut pas lui qui porta ses vues vers mademoiselle Belton ; un de ses amis, qui était
parent de la mère de Claire, le présenta chez
cette dame, et lui vanta les avantages d'une
alliance avec la belle et gracieuse jeune fille.
Louis Fréval n'était point homme à se laisser
éblouir par ses charmes ; mais son ami éleva
bien haut devant lui la fortune de madame
Belton, et lui vanta la bonté, l'aimable enjouement de sa fille.

Il se trouva ainsi entraîné à se rapprocher
peu à peu de Claire et de sa mère ; celle-ci
l'accueillit avec empressement ; elle se montra
si prodigue à son égard de marques de confiance et d'amitié, que Louis Fréval se décida
enfin à lui demander la main de sa fille.

Claire, comme nous l'avons vu, n'avait
consenti à ce mariage qu'avec une certaine
répugnance, et plus d'une fois le modeste
caissier se sentit le désir de revenir sur sa
détermination ; mais madame Belton rappro-
cha autant que possible le jour de la cérémonie ; elle déploya tant de tact, de savoir-
faire, qu'elle parvint à réaliser le projet
qu'elle avait formé.

Quand arriva le moment de la signature du contrat, M. Fréval éprouva un grand étonnement en voyant que madame Belton ne donnait à sa fille qu'une dot assez minime ; il s'en consola en pensant que Claire n'en possèderait pas moins un jour toute la fortune de sa mère, et il manifesta aucun désappointement.

Une fois devenu l'époux de mademoiselle Belton, il n'eut pas de plus vif désir que de rendre sa jeune femme heureuse ; il employa une partie de ses économies à lui faire de jolis cadeaux ; il la conduisit sur les bords du Rhin faire un charmant voyage, qu'elle rêvait depuis longtemps.

Comme il était d'un caractère doux et bienveillant, ami du calme et de la paix, il céda d'abord de bonne grâce aux fantaisies de Claire ; il la laissa libre de se livrer aux plaisirs, de varier ses parures suivant les caprices de la mode, et quoiqu'il aimât une vie simple et retirée, il consentit à la conduire dans les réunions qu'elle fréquentait autrefois avec sa mère.

Claire, à peu près abandonnée à elle-

même, ne mit aucune borne à ses prodigalités, elle satisfit tous ses caprices, et se laissa
aller à toute la légèreté de son caractère.
Elle était dans ce moment d'enivrement,
quand elle fit la rencontre d'Elise, et la traita
avec une si dédaigneuse indifférence.

La dot de la jeune femme fut dépensée
dans l'espace de quelques années; M. Fréval
souffrait de cet état de choses; il faisait de
temps à autre quelques observations qui
n'étaient point écoutées; mais Claire se montrait si aimable, si prévenante, qu'il ne voulait point s'opposer par la force à ses désirs;
et d'ailleurs, il comptait toujours sur la fortune de madame Belton, et regardait l'avenir sans appréhension.

Les choses en étaient là, quand une nouvelle foudroyante vint jeter le trouble dans
son esprit; la mère de Claire était ruinée,
complètement ruinée; tout ce qu'elle possédait avait disparu peu à peu dans le gouffre
ouvert par son amour du luxe et de la parure.
A force d'habileté, elle avait réussi à cacher
à tous les yeux son état de gêne et de malaise; mais les réclamations de ses créanciers

étaient devenues de plus en plus pressantes,
et un jour arriva où il ne lui fût plus possible d'éviter une catastrophe, car il ne lui
restait plus aucune ressource, et l'on exigeait la vente de son riche mobilier et des
superfluités élégantes dont elle aimait à s'entourer.

Madame Belton dut renoncer à l'existence
qu'elle menait à Paris; elle se trouva heureuse d'accepter l'hospitalité que lui offrit
son frère, qui habitait une petite ville de
province. Elle quitta sa fille en versant des
larmes, mais sans lui adresser un seul conseil dicté par la raison et la prudence.

Cet événement plongea Claire dans la
douleur; ce fut aussi un coup terrible pour
M. Fréval, qui voyait ainsi toutes ses espérances anéanties. Il avait trop de loyauté
dans le caractère, pour rendre sa compagne
responsable des désordres de sa mère; il ne
lui adressa pas un reproche, mais il essaya
seulement d'introduire dans leur intérieur
les modifications nécessitées par les circonstances, et il voulut lui persuader d'embrasser un genre de vie plus en rapport avec leur

situation de fortune ; mais, hélas! l'exemple
de sa mère n'avait fait aucune impression
sur son esprit, et elle ne se montra nullement
disposée à suivre les conseils de son époux.
Elle les traita d'exigences tyranniques, et
sans s'inquiéter si leur revenu pouvait y
suffire, elle ne songea qu'à se procurer de
nouveaux ajustements.

M. Fréval fut réduit alors à exercer sur
toutes les dépenses de la maison un contrôle
sévère qui exaspérait la jeune femme. Dès
lors, la paix fut bannie du ménage ; c'étaient
sans cesse de pénibles discussions, d'amères
récriminations ; peu à peu, ils devinrent
étrangers l'un à l'autre ; aussi ne se retrou-
vaient-ils en présence que pour se laisser
aller à toute l'aigreur de leurs sentiments
réciproques.

Claire était d'autant plus coupable qu'elle
avait des devoirs sérieux à remplir, car elle
était mère de deux aimables petites filles,
Fanny et Léonie, toutes deux remplies de
douceur, d'ingénuité, mais sur qui malheureusement la conduite de leurs parents avait
la plus funeste influence.

Madame Fréval était trop futile, trop légère, pour s'occuper sérieusement de ses enfants; elles étaient donc confiées presque constamment aux soins d'une bonne, et la mésintelligence qui régnait entre leur père et leur mère et qui éclatait souvent devant elles, contribuait à leur enlever ce respect, cette estime qui fortifie le sentiment d'amour filial. Elles étaient trop jeunes pour bien comprendre ce qui se passait en leur présence; toutefois, ces scènes violentes n'en produisaient pas moins sur elles une fâcheuse impression.

Claire souffrait d'un pareil état de choses, mais sans vouloir reconnaître ses torts, et elle se contentait d'accuser M. Fréval. Quand une jeune femme croit avoir à se plaindre de son époux, il est rare qu'elle ne trouve pas dans son entourage quelque amie complaisante, empressée à recueillir ses plaintes, à lui exagérer son infortune, à la faire marcher à grands pas dans une voie funeste à son repos et à son bonheur.

Il en était ainsi pour madame Fréval; parmi toutes les femmes qui composaient sa

societé, plus d'une semblait prendre à tâche
de l'entraîner à des dépenses ruineuses, de
lui inspirer de l'éloignement pour tous ses
devoirs. Dans ce nombre se trouvait une
de ses parentes éloignées, nommée madame Dombreuil qui, munie d'une fort belle
dot, avait épousé un riche industriel, et
ne reculait devant aucune dépense pour
accueillir les nouveautés que la mode faisait
éclore.

Claire la vit un jour paraître, portant une
délicieuse robe écossaise avec une garniture
d'un goût exquis, qui produisait un effet
ravissant.

— Quelle jolie toilette vous avez aujour-
d'hui ! s'écria madame Fréval, jamais je ne
vous ai vu une parure qui vous allât aussi
bien.

— En effet, cette robe est charmante, répondit la jeune femme, et la coupe en est
des plus gracieuses ; cette façon vous irait à
ravir, à vous si grande et si élancée.

— Je la trouve fort belle, fit Claire toute
pensive, mais vous savez, Julie, que je suis
loin d'être dans la même position que vous.

J'ai déjà fait cette année d'importantes acqui-
sitions pour ma toilette, et mon mari limite
toutes mes dépenses.

— Voilà ce que je ne souffrirais certainement pas, s'écria imprudemment madame
Dombreuil; il devrait savoir qu'à votre âge on
a encore des fantaisies, et qu'il est tout naturel
d'aimer la parure. N'avez-vous donc aucun
moyen d'échapper à une pareille tyrannie?
mais, j'y songe, achetez cette robe sans lui
en parler, et vous trouverez bien moyen de
la payer à son insu.

Claire rougit, elle brûlait d'envie de suivre
ce funeste conseil, mais elle savait que sa
couturière, à qui elle devait déjà plusieurs
centaines de francs pour façons et garni-
tures, refuserait certainement de lui faire
un nouveau crédit, et elle craignait fort de
s'exposer à quelque humiliation en s'adressant ailleurs.

Quand madame Fréval se retrouva seule,
elle réfléchit à cette coupe si gracieuse qui
donnait à la taille tant d'élégance, elle
repassa dans son esprit toutes ses plus fraîches toilettes, mais sans en trouver une qui

pût être comparée à celle que portait madame Dombreuil.

La jeune femme était plongée dans cette préoccupation, lorsque des rires, des cris joyeux se firent entendre dans le corridor : c'était Fanny et Léonie qui rentraient de la classe. La gaieté brillait sur leurs frais visages, plus vive que jamais; c'est que l'une rapportait à sa mère un bulletin qui constatait sa bonne conduite, son application, tandis que l'autre tenait à la main le livre dans lequel elle avait lu ce jour-là pour la première fois.

Toutes deux croyaient recevoir les félicitations, les caresses maternelles ; aussi s'avançaient-elles vives et légères vers leur mère ; mais madame Fréval, aigrie par sa conversation avec sa cousine, et mécontente d'être ainsi dérangée, les accueillit fort mal.

— Vous avez l'air de petites folles, leur dit-elle, je ne sais vraiment à quoi vous pensez ; vos vêtements sont dans un désordre qui fait mal à voir.

Les enfants surprises se regardèrent; rien dans leur extérieur ne justifiait la mauvaise humeur de leur mère, et elles voyaient ainsi le fruit de leurs efforts sans récompense. Elles restèrent muettes sans oser raconter la cause de leur joie, tandis qu'un accueil bienveillant et quelques tendres encouragements les eussent engagées à se montrer toujours studieuses et dociles.

Madame Fréval ouvrit la porte, et appelant la bonne des petites filles :

— Mariette, lui dit-elle, emmenez ces enfants, car je suis un peu souffrante, et leur bruit me fatigue.

Fanny et Léonie s'éloignèrent, mais sans songer à prendre leurs jouets qui se trouvaient dans un cabinet voisin. Elles essayèrent d'abord d'employer leur temps à regarder les passants par la fenêtre ; puis bientôt l'ennui s'empara d'elles. L'aînée des deux petites filles se hasarda alors à entr'ouvrir la porte pour demander à leur mère la permission d'aller faire une promenade en compagnie de Mariette.

— Allez-y si vous le voulez, répondit madame Fréval qui n'aspirait qu'à être seule, et délivrée de toute importunité.

Charmées d'avoir obtenu cette permission, les deux petites filles s'éloignèrent avec leur bonne, et la jeune femme, certaine de n'être plus dérangée, s'étendit nonchalamment dans un sofa, et prit à la main un volume d'un de nos célèbres romanciers modernes, un de ces volumes où la passion sert d'excuse aux plus coupables entraînements, et qui sont d'autant plus propres à pervertir l'esprit, à égarer l'imagination que les théories les plus funestes y sont souvent revêtues de tous les charmes du style.

Madame Fréval resta longtemps ainsi, tantôt songeant à ses prétendus malheurs, tant s'identifiant avec l'héroïne du récit dont elle parcourait les pages.

Tout à coup la porte s'ouvrit brusquement pour donner passage à M. Fréval, pâle, déconcerté, hors de lui. Il tenait à la main la petite Léonie, tandis que Fanny marchait à quelques pas derrière lui.

— Madame, s'écria-t-il en pénétrant dans l'appartement, je viens d'éprouver une émotion si douloureuse que j'en suis encore tout impressionné.

— Que voulez-vous dire ? murmura Claire avec inquiétude.

— Il y a quelques instants, reprit-il, je traversais les Champs-Elysées, quand je vis la foule rassemblée autour d'un chanteur ambulant, je fis peu d'attention à ce groupe ; mais tout à coup, j'aperçus un équipage conduit par quatre chevaux fougueux qui s'avançaient avec impétuosité. Dans leur course rapide ils allaient renverser une petite fille qui se tenait debout au milieu d'une des allées, absorbée par la contemplation d'un beau ballon qui s'élevait majestueusement dans les airs. Quel fut mon effroi en reconnaissant que cette enfant n'était autre que Léonie ! Je l'appelai d'une voix qui la fit tressaillir ; elle se retourna, aperçut le danger qui la menaçait, et se recula vivement en arrière ; il en était temps ; quelques secondes plus tard, et nous avions un cruel accident à déplorer. Sa frayeur avait été telle que, pour la remettre, je dus la conduire dans une maison voisine, où on lui donna des soins. Je me demandai d'abord comment elle se trouvait seule dans ce lieu ; mais j'aperçus bientôt

Fanny avec sa bonne au milieu de la réunion de curieux, et je compris tout alors. Mariette, captivée par les romances pathétiques du chanteur ambulant, avait abandonné à elle-même l'enfant remise à sa garde. O madame! comment pouvez-vous confier vos enfants à cette fille, dont vous connaissez la légèreté, l'étourderie? je regarde vraiment comme un miracle qu'il ne soit point arrivé un malheur irréparable.

— Ah ! répondit Claire, je suis tout émue de ce que je viens d'entendre ; mais j'étais loin de prévoir pareille chose, et je désirais faire prendre l'air à ces enfants.

— Pourquoi alors ne pas les accompagner vous-même ? quelles sont donc ces occupations si pressantes qui vous retiennent au logis? Je le vois, ajouta-t-il, en apercevant le volume tombé aux pieds de la jeune femme, vous vouliez vous livrer à votre passe-temps favori, vous plonger dans une de ces lectures qui ne sont propres qu'à vous faire oublier tous vos devoirs, à vous entraîner dans de pernicieuses rêveries.

La jeune femme fondit en larmes.

— Que je suis malheureuse! murmura-t-elle, vous me voyez désespérée de cet événement, et vous ne trouvez que des paroles dures et blessantes à m'adresser ; vous m'en attribuez la faute comme si j'avais pu prévoir une telle négligence de la part de Mariette. Si notre pauvre Léonie avait été victime d'un cruel accident, vous n'auriez su qu'ajouter par vos reproches à mon désespoir. Je n'ignore pas quels sont vos griefs contre moi ; si ma mère avait possédé réellement la fortune que chacun lui supposait, oh ! alors vous me trouveriez mille qualités charmantes, vous seriez empressé à satisfaire tous mes désirs. Je me rappelle les premières années de notre mariage, alors que vous comptiez sur un brillant héritage. Pourquoi donc votre affection pour moi s'est-elle changée en une profonde indifférence, en une injuste antipathie?

— Pourquoi? vous me le demandez? c'est que vous n'avez su accomplir aucune des réformes qu'exigeait notre position, c'est qu'à mesure que je vous ai connue davantage, j'ai pu mieux apprécier votre frivolité, votre impardonnable légèreté. Je sais que vous me faites passer aux yeux de vos amies pour un homme cupide et intéressé ; mais savez-vous ce qui arriverait si je ne mettais obstacle à vos folles prodigalités ? nous serions bientôt perdus, déshonorés, car c'est un acte de déloyauté que de contracter des dettes qu'on est dans l'impossibilé absolue de jamais acquitter. Je ne trouve en vous ni tendresse ni dévouement, vous ne savez être ni épouse ni mère.

En disant ces mots, M. Fréval s'éloigna, laissant sa femme plongée dans un morne accablement. Les deux enfants s'approchèrent d'elles alors ; elles avaient assisté à cette scène, elles avaient entendu les plaintes amères de leurs parents, mais sans se rendre un compte exact de tout ce qui se passait devant elles ; toutefois la voix éclatante de leur père avait excité leur effroi, et elles mêlèrent leurs larmes à celles de leur mère.

Léonie avait éprouvé une commotion trop violente pour ne pas en ressentir un fâcheux effet ; elle s'endormit d'un sommeil fiévreux, agité, et, vers le milieu de la nuit, ses cris firent accourir madame Fréval, dont la chambre était voisine de celle des deux petites filles.

Après avoir calmé et rassuré l'enfant, la jeune femme qui n'avait pu s'endormir encore, ouvrit la fenêtre et s'y accouda en silence. La rue se trouvait complètement déserte, silencieuse; le plus léger bruit ne troublait pas le calme profond qui y régnait.

C'était une de ces belles nuits au ciel pur, étoilé, pendant lesquelles la lune répand sur toute la nature sa poétique et mystérieuse lumière. Or, il y a dans la nuit quelque chose qui agit sur l'imagination, et qui porte à la rêverie les esprits même les plus positifs.

L'ame pieuse se représente plus vivement encore ce Dieu éternel, immuable, veillant à la conservation de son œuvre, tandis que l'humanité sommeille; il n'en est pas qui n'éprouvent je ne sais quel sentiment de tristesse et de mélancolie.

Le remords devient alors plus cuisant, les alarmes sont plus déchirantes; madame Fréval était dans une disposition d'idées qui la rendait propre à subir cette impres-

sion. Elle repassa dans son esprit tous les
événements de cette pénible journée ; tout en
projetant ses regards sur les grands monuments dont la masse imposante se dessinait
dans l'ombre, et sur les quelques rares lumières qui brillaient encore çà et là dans le
lointain.

— Tout le monde repose, se dit-elle, il en
est pourtant encore qui veillent, les uns pour
se livrer au plaisir, les autres agités comme
moi par des soucis et des regrets, d'autres
enfin retenus par un pieux devoir auprès du
chevet d'un malade. Que de douleureux mys-
tères je découvrirais, si mon regard pouvait
plonger dans ces humbles logis où la lumière
brille encore à cette heure avancée de la
nuit !

A ce moment, ses yeux s'arrêtèrent sur
une maison placée à peu de distance de celle
qu'elle habitait, et qui se trouvait dans l'obscurité à l'exception d'une fenêtre du quatrième étage qui était éclairée par une faible
lueur.

Cette vue lui causa une sensation douloureuse, dont elle-même ne pouvait se rendre

compte ; il lui sembla que cette triste lumière lui révélait une infortune dont elle eût voulu pénétrer le secret. Aussi demeura-t-elle long-temps plongée dans une muette contemplation, et quand elle regagna sa couche pour essayer de se livrer au repos, elle ne put trouver le sommeil, tant était vive l'agitation causée par sa propre situation, et par les réflexions mélancoliques et bizarres auxquelles elle s'était abandonnée.

VIII

Il est parfois dans les destinées humaines des rapprochements singuliers opérés par le hasard ou plutôt par la Providence.

Ainsi madame Fréval était loin de se douter du spectacle qui eût frappé ses regards si son vœu s'était soudain réalisé, si ses yeux avaient pu percer l'épaisseur de la muraille, et entrevoir l'intérieur de cette chambre dont la fenêtre avait attiré son attention. Elle eût aperçu un humble et triste logis dont l'ameublement portait l'empreinte de la misère, et elle eût reconnu Elise, son ancienne compa-

gne d'études, dans une jeune femme mélan-
coliquement assise auprès d'une table faiblement éclairée par la lueur d'une petite
lampe.

Madame Dolbar terminait une délicate
broderie placée au bas d'une robe d'enfant,
et son attitude indiquait une lutte violente
contre la fatigue. Parfois son ouvrage s'é-
chappait de ses mains, son regard errait douloureusement autour d'elle et s'arrêtait sur
un lit où reposait un homme jeune encore,
mais pâle, accablé par la fièvre, et qui n'était
autre qu'Adrien.

Les ennuis, les déceptions dè tout genre
avaient peu à peu altéré sa santé; deux
années après la naissance d'Adrienne, Elise
était devenue mère d'une petite fille qui
avait reçu le nom de Jeanne, et M. Dolbar
se désespérait de ne pouvoir procurer l'aisance à sa famille. Après bien des tentatives
infructueuses pour améliorer sa situation,
il était enfin tombé gravement malade, et
Elise avait même un moment tremblé pour
sa vie. Sa jeunesse et les soins dévoués de
sa compagne avaient triomphé du mal, mais

sa convalescence devait être longue et pénible.

Madame Dolbar n'avait pas failli un seul instant à sa tâche ; sa tendresse maternelle avait redoublé son énergie naturelle, et elle avait su parer à toutes les difficultés de sa position sans laisser son ame s'abattre par l'adversité. Pour se créer des ressources, elle s'était défait successivement de tous les objets qui ne lui étaient point indispensables, elle avait eu recours à un travail opiniâtre, et nous venons de la voir encore poursuivant sa veillée solitaire pour gagner le pain de sa famille.

Ce soir-là, elle parut un moment près de céder à la lassitude ; elle s'arrêta immobile, affaissée sur elle-même comme si un pareil effort eût été au-dessus de ses forces, de son courage.

A cet instant, Adrien fit un mouvement et poussa un sourd gémissement.

— Hélas ! murmura la jeune femme, il souffre même pendant son sommeil, lui qui était né pour être heureux, lui à qui tout semblait sourire dans les premières années de sa vie ; qui eût pu croire qu'un jour son sort serait si cruel, si digne de pitié? Que ne puis-je au prix de tous les sacrifices lui donner le bonheur ! mais ma tendresse est impuissante. Je ne dois pas songer à m'éloigner de cette chambre, ne fût-ce que pour quelques heures ; aussi, il me faut renoncer à l'espoir de tirer parti des connaissances que mon père m'a fait acquérir au prix de tant de sacrifices. D'ailleurs pour trouver des leçons, il me faudrait des amis, des protecteurs qui nous font complètement défaut. C'en est fait, je dois me résigner à ce travail pénible et si peu productif, qu'il nous procure à peine le nécessaire. Je bénis encore le Ciel de m'avoir donné la force de braver la fatigue, car si je venais à succomber que deviendraient Adrien et mes enfants? Je veux les voir ; leur vue me fait du bien, me donne de l'ardeur au travail.

Elle s'achemina alors vers une porte entr'ouverte qui donnait entrée dans un cabinet voisin, et elle s'arrêta sur le seuil pensive et émue. Dans un modeste lit reposaient paisiblement deux petites filles charmantes aux traits fins et gracieux, mais frêles et étiolées comme le sont d'ordinaire les enfants soumises dès leurs années aux atteintes de la souffrance, et privées de cet air pur et vivifiant dont les habitants des campagnes jouissent avec tant de profusion.

La jeune mère les couvrit d'un tendre regard sans interrompre leur sommeil; quelques larmes coulèrent lentement sur son visage, puis elle revint s'asseoir auprès de la lumière, et reprit son travail avec une énergie nouvelle !

Quand le jour naissant revint éclairer les vitres de la pauvre demeure, la jeune femme se trouvait encore à la même place, sa broderie à la main; son visage pâle, ses yeux rougis par la fatigue et les pleurs attestaient assez les souffrances qu'elle éprouvait.

Le malade ouvrit alors les yeux, et ses regards se portèrent aussitôt sur sa compagne :

— Hé quoi! Elise, te voilà donc encore à l'ouvrage, lui dit-il avec un accent de doux reproche; pourquoi ne pas te livrer au repos? tu sais que c'est m'affliger profondément que de prolonger ainsi tes veilles , et qu'une pareille existence doit briser, anéantir tes forces ; tu oublies que tu es notre unique soutien, notre Providence à tous.

— Rassure-toi, mon bon Adrien, fit la jeune femme, je ne me sens nullement indisposée ; je voulais terminer cette robe qui doit m'être payée assez cher, et, absorbée que j'étais par mon travail, je ne me suis pas aperçue que les heures de la nuit s'écoulaient.

— Hélas ! reprit M. Dolbar, tu essaies en vain de m'abuser ; c'est sans doute pour satisfaire à des besoins bien pressants que tu te livres à un travail si assidu. Dieu ne me rendra-t-il pas bientôt la force et la santé nécessaires, pour que je puisse te seconder dans ta tâche laborieuse.

— Tu sais, répondit Elise, que le calme de l'esprit est surtout nécessaire à ta guérison ; ne te laisse donc aller ni aux inquiétudes ni aux regrets ; ne donne accès dans ton ame qu'aux pensées consolantes. Crois-moi, si le présent est triste, l'avenir nous réserve peut-être d'heureux jours ; je me laisse parfois bercer par les plus douces espérances. Ne possèdes-tu pas des talents, des connaissances qui tôt ou tard trouveront leur emploi? notre affection mutuelle n'embellit-elle pas notre existence? n'avons-nous pas d'aimables enfants dont les bonnes dispositions se révèlent chaque jour à nous? Hier encore, je me suis sentie doucement émue en entrant dans leur petite chambre. Adrienne était pieusement agenouillée devant le Christ, elle ne s'aperçut pas de mon arrivée, et je l'entendis murmurer de sa voix enfantine : « Mon Dieu ! rendez la santé à papa, faites que mes bons parents soient heureux, et moi, je serai toujours bien sage et bien docile. » As-tu jamais vu la sensibilité, l'amour filial d'un enfant se manifester d'une manière plus touchante? Aussi, je m'avançai vers elle et la serrai dans mes bras, plus heureuse que la femme la plus opulente ne peut l'être au milieu de son luxe et de ses richesses. La pauvre enfant multiplie ses efforts pour m'être utile, elle montre le plus heureux naturel, ne sont-ce pas là des jouissances qui aident à supporter bien des malheurs?

— Oui! certes, fit M. Dolbar avec expression, s'il est des moments où je m'abandonne au découragement, il en est d'autres où je suis loin de me plaindre de ma destinée. J'aurais pu, il est vrai, aspirer à occuper dans le monde une position plus brillante, mais aurais-je alors trouvé une compagne au cœur aimant et dévoué comme le tien? si le sort nous eût épargné ses rigueurs, aurais-je connu toute la noblesse de ton ame? En t'écoutant, je sens l'espoir renaître en moi; oh non! le Ciel ne laissera pas tant de vertu sans récompense; un jour viendra où il t'accordera ses faveurs.

Un doux sourire effleura les lèvres d'Elise, elle était heureuse d'avoir ramené le calme et la paix dans l'ame agitée de son époux, car elle s'était imposé l'obligation de garder pour elle-même le secret de ses angoisses, qui pourtant étaient bien cruelles dans le moment même où elle paraissait envisager l'avenir avec tant de confiance.

Il ne lui restait plus aucun objet dont elle pût songer à tirer parti, et malgré son activité le produit de son travail ne pouvait suf-

fire qu'aux besoins les plus pressants de sa
famille. Depuis quelque temps monsieur et
madame Dolbar avaient quitté le logement
qu'ils occupaient dans un quartier assez éloigné, pour venir s'installer dans un autre plus
modeste et plus restreint encore; et cependant
Elise se demandait avec effroi, comment elle
pourrait réunir la somme nécessaire pour le
paiement de son loyer, dont le terme devait
échoir dans quelques jours.

Or, M. Robert, son propriétaire, était un
ancien marchand retiré des affaires, et qui
vivait du produit de plusieurs maisons, qu'il
possédait. Il se montrait affable et plein d'o-
bligeance dans les relations de société, mais
intraitable à l'endroit de ses loyers, car il
aurait craint, en montrant la moindre con-
descendance à cet égard, de voir tarir ou
diminuer ses revenus. Pour lui la personne
des locataires disparaissait; il ne restait plus
que des chiffres, et nul ne se rappelait l'avoir
vu fléchir à l'occasion d'un recouvrement.
La jeune femme n'ignorait pas que toutes
ses instances seraient vaines, que M. Robert
ne lui accorderait aucun délai, n'accepterait

aucune transaction, et ne reculerait pas devant les plus cruelles extrémités.

Òr, elle voulait, à tout prix, épargner à Adrien une scène pénible et violente, qui pouvait avoir sur sa santé la plus funeste influence ; mais c'est en vain qu'elle portait partout ses regards ; elle ne savait où demander secours et protection.

Dans les premiers moments de leur détresse, madame Dolbar avait écrit à son parent, M. Hyppolite Morland, l'ancien précepteur d'Adrien qui se trouvait en ce moment à Londres ; mais il avait épousé depuis quelque temps une jeune Anglaise, et occupait un emploi dans un établissement d'instruction ; aussi paraissait-il tout absorbé par le soin de sa nouvelle famille. Il s'était donc contenté d'envoyer à Elise une faible somme d'argent, et lui avait répondu de manière à lui montrer qu'il était fort peu disposé à lui venir en aide.

Pendant les longues heures d'anxiété qui suivirent pour Elise la triste nuit dont nous avons parlé, une pensée traversa soudain son esprit.

Elle connaissait fort peu les différentes particularités de la jeunesse de son époux, car c'étaient là des souvenirs douloureux qu'il aimait à laisser dans l'ombre. Cependant elle n'ignorait pas qu'il avait été élevé par une tante qui avait pour lui la tendresse d'une mère, et qui pourtant avait disposé de sa fortune en faveur d'un parent éloigné.

Or, elle savait que le fils de M. Cauvert habitait Paris, car un jour Adrien était rentré dans un état de surrexcitation violente; et, pressé par elle d'en dire la cause, il lui avait avoué qu'il n'avait pu se défendre d'un mouvement d'indignation en voyant monter dans un bel équipage un homme à la mise élégante, au regard fier et hautain, dans lequel il avait reconnu M. Arthur Cauvert, le fils de celui qui avait recueilli l'héritage de madame Blinval. Depuis cette époque, M. Dolbar lui en avait parlé plusieurs fois avec aigreur, et un jour même il lui avait indiqué le lieu de sa demeure.

Elise était donc certaine de pouvoir le rencontrer; elle résolut d'aller implorer sa pitié; elle n'ignorait pas que son mari désapprou-

verait une telle démarche, et dans toute
autre circonstance, elle n'eût pas voulu l'accomplir ; mais un besoin si impérieux la
pressait qu'elle imposa silence à toute autre
considération; et, quoiqu'il dût lui en coûter,
elle résolut d'avoir à l'insu d'Adrien une
entrevue avec M. Cauvert. Elle savait que
légalement elle n'avait rien à lui réclamer ;
mais, comme tous les cœurs généreux, elle
était portée à supposer aux autres de bons
sentiments, et il lui semblait qu'aussitôt que
le fils de l'héritier de madame Blinval connaî-
trait la véritable situation d'Adrien, il se
montrerait empressé à le secourir.

Quand elle se présenta à la porte de son
habitation, on lui répondit que madame
Cauvert seule se trouvait là ; la jeune femme
résolut de s'adresser à elle si la chose était
possible, et elle demanda timidement la permission d'être introduite en sa présence.

Le valet la conduisit dans une anticham-
bre, puis s'éloigna pour aller prendre la
réponse de sa maîtresse ; il revint bientôt lui
annoncer qu'elle consentait à la recevoir, et
l'engagea à le suivre. Quelques instants

après, Elise pénétrait dans un élégant boudoir où se trouvait l'épouse de M. Cauvert.

Si la jeune femme avait donné facilement accès à madame Dolbar auprès d'elle, c'est qu'il y avait eu méprise de sa part. Elle se trouvait précisément en ce moment à la recherche d'une femme de chambre ; une de ses amies lui avait promis de lui en envoyer une le jour même, et elle avait cru que l'inconnue qui désirait lui parler venait solliciter ce poste.

Aussi, quand elle la vit paraître, elle jeta sur la visiteuse un regard curieux et parut surprise ; il y avait, en effet, dans l'extérieur d'Elise quelque chose de bien propre à faire naître l'étonnement. Malgré tous ses efforts, la pénurie de son costume trahissait sa misère, et l'air de distinction répandu dans toute sa personne, formait un contraste étrange avec la pauvreté de ses vêtements, avec la situation où elle paraissait se trouver.

Madame Dolbar était en proie au plus cruel embarras, et certes l'aspect de la maîtresse du logis n'était pas de nature à la rassurer. C'était une jeune femme d'une beauté froide et régulière ; mais l'expression de son visage trahissait un caractère altier et impérieux.

Elle indiqua de la main un siége à Elise, et après l'avoir observée quelque temps en silence :

— Eh bien ! lui dit-elle d'un ton impératif, vous avez demandé à m'entretenir, j'attends que vous me fassiez connaître le motif de votre visite.

— Madame, répondit l'épouse d'Adrien en balbutiant, veuillez d'abord excuser la hardiesse de la démarche que je fais aujourd'hui, j'ose à peine vous dire ce qui m'amène ici.

— Je vous en prie, fit madame Cauvert avec hauteur, venez droit au but et expliquez-vous nettement, car je vous préviens que mes moments sont comptés.

Elise comprit que le moment était venu de s'exécuter, elle rassembla tout son courage et reprit :

— Ce que j'ai à vous dire, Madame, demande pourtant d'assez longues explications, à moins que le nom de mon mari ne vous soit déjà connu ; il s'appelle Adrien Dolbar.

— C'est la première fois que ce nom frappe

mon oreille; je ne me souviens pas de l'avoir jamais entendu prononcer.

— Eh bien, Madame, mon mari est du même pays que M. Cauvert, et de singulières circonstances que votre époux n'ignore pas, ont marqué sa jeunesse. Il a perdu ses parents de bonne heure, et il a été confié aux soins d'une tante nommée madame Blinval. Cette dame en mourant a oublié celui qu'elle avait traité comme son fils, et a laissé sa fortune à M. Cauvert qui n'était que son parent éloigné. Adrien s'est résigné à la volonté suprême de sa tante; il a essayé de lutter contre la mauvaise fortune, et il est venu à Paris, où il a trouvé quelques leçons à donner, et c'est alors que nous nous sommes unis. Mais malgré ses efforts énergiques, le malheur semble s'être attaché à lui. Une longue maladie l'a forcé de suspendre ses occupations, a épuisé peu à peu toutes nos ressources, de sorte que nous nous trouvons en ce moment dans la situation la plus déplorable. Mon mari ignore ma présence ici; mais j'ai pensé qu'Adrien Dolbar a des droits à l'intérêt de M. Cauvert, et je suis heureuse d'avoir pu m'adresser à vous, car vous voudrez bien, je l'espère, plaider sa cause auprès de votre époux.

Elise avait parlé avec une chaleur entraînante, cependant le visage de la grande dame, au lieu de s'attendrir, avait revêtu une expression sévère et mécontente. Elle savait que le père de son mari avait fait autrefois un riche héritage; mais on lui avait laissé ignorer l'existence du neveu de madame Blinval. Malgré toute l'humilité empreinte dans l'attitude de madame Dolbar, elle se sentait blessée par l'allusion que la jeune femme avait faite aux droits qu'Adrien pouvait avoir à l'héritage de sa tante, et elle reprit avec véhémence.

— Je trouve bien étrange tout ce que vous venez de me dire; qui me garantira l'exactitude de cette histoire? et quand même je serais certaine de votre véracité, que me resterait-il à faire? Le neveu de madame Blinval s'est sans doute aliéné ses bonnes grâces par sa mauvaise conduite; est-ce ma faute à moi si votre mari est un mauvais sujet, un libertin, un ingrat, que sais-je enfin? si madame Blinval a jugé à propos de ne point lui destiner une fortune, dont il eût fait sans doute un mauvais usage.

En entendant ces qualifications injurieuses adressées à celui dont elle connaissait si bien les pures aspirations et le noble caractère, Elise fit un geste de douleur, et elle sentit se réveiller en elle toute sa fierté qu'elle avait sacrifiée un moment à son désir de créer de nouvelles ressources à sa famille.

— Madame, reprit-elle, je vous pardonne, car vous ne connaissez pas celui que vous insultez ainsi. Vous n'étiez pas obligée de me croire sur parole; mais j'aurais pu vous fournir des preuves de ce que j'avançais. Vous avez oublié que le malheur a droit au respect; j'attendais mieux de vous, je vous croyais plus d'élévation dans les sentiments; aussi maintenant je n'ajouterai pas un mot. Oubliez l'entrevue que nous venons d'avoir ensemble, jouissez en paix de vos richesses, et, quelle que soit la situation d'Adrien Dolbar, jamais ses plaintes ni celles de sa famille ne viendront vous importuner, je vous en donne l'assurance.

En disant ces paroles, Elise s'éloigna, et la

maîtresse du logis la suivit d'un regard irrité et méprisant.

La jeune femme marcha d'abord d'un pas rapide, tout entière à son indignation, puis ce sentiment fit place à la douleur.

— Hélas ! murmura-t-elle, encore une démarche infructueuse, encore une nouvelle et cruelle déception. Je n'essaierai point de voir M. Cauvert ; l'accueil que m'a fait sa compagne, m'indique assez celui qu'il me réserverait sans doute. Lui aussi s'offenserait en entendant rappeler le nom de celui que madame Blinval a dépouillé pour enrichir son père ; je ne m'exposerai plus à de nouvelles et inutiles humiliations.

Elise eût voulu pouvoir donner un libre cours à ses larmes ; mais, hélas ! il lui fallait se contenir sous peine d'attirer sur elle les regards des passants, et puis pour paraître devant Adrien, ne devait-elle pas faire disparaître de son visage toute trace des pénibles impressions qu'elle avait éprouvées ? C'est peut-être là une des épreuves les plus difficiles de la vie que de commander à ses propres sentiments, que de déguiser sous un sourire l'amertume poignante du cœur. Elise y réussit cependant, et quand elle se retrouva auprès de son époux et de ses deux aimables enfants, les douces caresses de Jeanne et d'Adrienne ramenèrent peu à peu la sérénité dans son ame, et donnèrent insensiblement une autre direction à ses pensées.

— Mon Dieu ! murmura-t-elle dans un élan d'indicible ferveur, si les hommes me repoussent et m'abandonnent, vous ne me repousserez pas, vous, j'en suis certaine ; vous mettrez un terme à mes jours d'épreuves. Je ne vous implore pas pour moi, mais pour mon malheureux époux, et pour mes pauvres enfants, si cruellement traités par le sort à leur entrée dans la vie.

IX

UN RAPPROCHEMENT IMPRÉVU.

Au milieu des difficultés de sa situation, la pensée de madame Dolbar ne se reportait ni sur Claire ni sur Pauline ; elle regardait comme brisés les liens qui les avaient unis autrefois.

Assurément, si les rôles avaient été intervertis, si elle eût été riche, bien placée dans la société, si elle eût pu leur tendre une main secourable, elle l'eût fait avec bonheur, avec empressement ; mais pour rien au monde, Elise n'eût voulu paraître devant elles en suppliante.

Elle était loin de se douter que Claire habitât dans son voisinage. Celle-ci n'avait point oublié cette faible et triste lueur qui avait si vivement attiré son attention pendant sa longue nuit d'insomnie. Plusieurs fois vers le soir, elle avait reporté ses regards vers cette fenêtre, et y avait souvent vu briller la même lumière, quand les autres étaient déjà dans l'ombre ; mais jamais elle n'avait aperçu madame Dolbar qui d'ordinaire ne sortait que de grand matin ou assez tard dans la soirée.

Quelques jours après sa visite chez madame Cauvert, Elise s'éloigna de sa demeure pour aller trouver madame Lorval, la lingère qui lui fournissait du travail ; elle voulait lui reporter quelques broderies qu'elle avait confectionnées, et la prier en même temps de lui avancer une petite somme d'argent avec laquelle elle pût satisfaire son propriétaire. Cette démarche lui était extrêmement pénible, quoiqu'elle fût accoutumée à trouver toujours un accueil bienveillant auprès de madame Lorval, qui l'avait connue pendant les années de sa jeunesse.

Lorsqu'elle pénétra dans le magasin, elle fut vivement contrariée en apercevant la maîtresse du logis entourée de quelques dames élégantes, qui paraissaient occupées d'emplettes assez importantes. Elise entra dans l'arrière-boutique pour attendre le moment où elle pourrait lui parler en particulier, et elle s'assit, tristement plongée dans ses réflexions, sans faire aucune attention à ce qui se passait autour d'elle.

La porte du magasin était ouverte ; l'une des dames qui s'y trouvaient jeta les yeux sur Elise, et tressaillit ; puis se penchant vers madame Lorval :

— Madame, lui dit-elle, pourriez-vous me dire quelle est cette personne qui paraît si douloureusement absorbée ? je ne me rappelle pas où je l'ai déjà vue, mais il me semble que sa physionomie ne m'est pas inconnue.

— C'est une jeune femme dont la situation me paraît des plus pénibles, répondit la lingère, et je puis vous renseigner parfaitement à son sujet, car nous avons habité autrefois la même ville. Son père, M. Merfeuil, était professeur à Melun ; elle a reçu une excellente éducation, et elle pouvait certainement aspirer à une vie plus heureuse que celle qui est aujourd'hui son partage.

— Serait-il possible? murmura la jeune dame sur laquelle ces paroles avaient produit une impression profonde, car elle n'était autre que madame Fréval. Ne vous étonnez pas de mon trouble, ajouta-t-elle, Elise Merfeuil a été autrefois ma compagne d'études ; elle a passé plusieurs années dans la même pension que moi ; aussi lorsque je l'ai aperçue tout à l'heure, un vague souvenir a traversé mon esprit. Toutefois ses traits sont si altérés, son visage est si pâle, si amaigri, sa mise annonce un si grand dénuement, que j'avais peine moi-même à la reconnaître.

Madame Fréval eût voulu prolonger encore cet entretien, et obtenir de nouveaux détails sur Elise ; mais on réclamait dans une autre partie du magasin la présence de madame Lorval. Claire termina donc les emplettes qu'elle avait à faire sans perdre de vue madame Dolbar, qui ne s'était point aperçue de l'attention dont elle était l'objet.

Elise perdait l'espoir de pouvoir entretenir

ce jour-là madame Lorval. Comme elle ne voulait pas prolonger trop longtemps son absence, elle prit le parti de s'éloigner pour revenir le lendemain.

Madame Fréval la vit se lever, adresser quelques mots à la maîtresse du logis, puis se diriger vers la porte. Elle sortit derrière elle, la regarda s'éloigner avec rapidité, et, agitée par mille sentiments divers, la suivit pendant quelque temps à une certaine distance.

Nous l'avons vue, au temps de sa prospérité, passer avec hauteur auprès de son ancienne compagne ; mais depuis cette époque l'adversité avait un peu modifié ses idées, et d'ailleurs, quand la vanité ne l'aveuglait pas, elle suivait les inspirations d'un cœur naturellement bon et généreux. Elle avait senti une pitié profonde en voyant la tristesse empreinte sur le visage d'Elise, et elle éprouvait le désir de lui offrir ses services. Si elle avait été exposée à être vue par quelque dame de sa société, elle eût sans doute hésité à aborder son ancienne compagne, dont les vêtements attestaient l'humble condition; mais elle se trouvait seule en ce moment, la rue était presque déserte; aussi, elle pressa le pas, et rejoignit bientôt la jeune femme; puis elle lui dit d'un son de voix doux et affectueux :

— Elise, que je suis heureuse de vous voir! ne me reconnaissez-vous donc pas?

Madame Dolbar, surprise, fit un brusque mouvement; elle tourna la tête, jeta sur son interlocutrice un regard étonné, et murmura:

— Je ne me trompe pas, c'est bien Claire Belton que j'ai devant les yeux.

— Elle-même, reprit madame Fréval, je vous ai aperçue tout à l'heure dans un magasin; je n'ai pas tardé à vous reconnaître, et j'ai voulu m'entretenir avec vous.

A ces mots, les yeux d'Elise se mouillèrent de larmes; rien ne pouvait la surprendre ni l'impressionner davantage que cette marque d'intérêt que lui donnait son amie d'autrefois; elle leva sur madame Fréval un regard ému :

— Que je suis heureuse de vous voir, de vous entendre! lui dit-elle; je n'espérais point faire aujourd'hui une pareille rençontre, et je croyais mon souvenir tout à fait effacé de votre esprit. Ah ! qu'elle est loin de nous cette heureuse époque où nous partagions la même existence !

— Hélas ! oui, reprit Claire, un long espace de temps nous sépare maintenant de ces belles années de pension dont j'attendais la fin avec une si folle impatience. Depuis lors, j'ai eu plus d'une pensée de regret pour l'asile qui a protégé notre jeunesse ; mais vous ne me paraissez pas non plus avoir eu à vous louer de la destinée. Le lieu est mal choisi ici pour nous faire nos confidences ; venez donc me voir demain dans la matinée, vous me trouverez seule, et vous pourrez me parler à cœur ouvert. J'espère bien que vous ne manquerez pas au rendez-vous.

En disant ces mots, elle remit à Elise sa carte avec son adresse ; puis elle s'éloigna, car elle avait encore quelques emplettes à terminer avant de rentrer dans sa demeure.

Pendant tout le reste du jour, madame Dol-bar repassa dans son esprit la rencontre qu'elle venait de faire, et qui lui paraissait un incident de favorable augure. Non-seulement elle se disait que Claire pourrait lui être utile, mais elle était touchée surtout des sentiments affectueux que la jeune femme lui avait témoignés.

Elise supposait madame Fréval dans une belle position de fortune, et pensait qu'elle ne ferait pas en vain appel à sa générosité ; aussi, l'idée lui vint un moment de s'adresser à elle pour obtenir la somme qui lui était nécessaire ; mais elle la repoussa bien vite, car il y avait quelque chose qui blessait sa délicatesse dans la pensée de profiter de son ancienne liaison avec Claire pour lui faire une demande d'argent la première fois où elles se trouvaient réunies, après une si longue séparation.

Dès le lendemain matin, elle se rendit chez madame Lorval, et, cette fois, sa tentative eût un succès complet ; aussi quand elle s'achemina vers l'habitation de son amie, elle était délivrée de cette inquiétude pressante qui lui avait causé de si cruelles angoisses les jours précédents.

Madame Fréval l'attendait vêtue d'un joli négligé du matin, et elle l'accueillit avec empressement ; elle avait hâte de connaître les différentes particularités de la vie d'Elise, mais un autre sentiment lui faisait encore désirer de se retrouver avec elle. Claire voulait parler de sa propre situation à celle qui lui avait prodigué naguère tant de sages conseils, car elle souffrait bien souvent de son isolement, et elle ne se dissimulait pas que ses frivoles amies n'avaient point pour elle un attachement véritable.

Les deux jeunes femmes restèrent quelque temps en présence sans prononcer un mot ; on eût dit que chacune d'elles observait les changements que le temps avait apportés sur la physionomie de l'autre.

— Chère Elise, dit enfin madame Fréval, je ne puis vous dire assez quel plaisir j'éprouve à vous revoir ; les plus doux souvenirs de ma jeunesse se représentent à mon esprit.

— Je partage votre satisfaction, reprit madame Dolbar, c'est là une jouissance sur laquelle je ne comptais guère. Lorsque j'ai pris connaissance de l'adresse que vous m'aviez donnée hier, quelle a été ma surprise en voyant que nous sommes voisines ! la maison que j'habite n'est qu'à quelques pas d'ici.

— Vraiment! montrez-la-moi, je vous prie, fit madame Fréval en l'entraînant vers la fenêtre.

Elise lui indiqua le lieu de sa demeure.

— Comment, c'est là? reprit la jeune femme, je ne vous savais pas si près de moi, et quel étage habitez-vous donc?

—Le quatrième; vous apercevez d'ici la fenêtre de ma chambre, ajouta madame Dolbar en la désignant du geste.

Claire tressaillit :

— Ma surprise vous étonne, reprit-elle, vous ne savez pas que chaque soir mes regards se dirigeaient vers ce point, et que souvent alors j'éprouvais une émotion que je ne m'expliquais pas. On eût dit que j'avais deviné votre présence; vous le voyez, mon cœur est resté fidèle à notre attachement d'autrefois; vous n'en pouvez pas dire autant, car il est des moments où vous avez semblé prendre à tâche de me fuir.

Elise aurait pu rappeler à son amie cette circonstance dans laquelle celle-ci l'avait traitée avec tant de hauteur et d'indifférence, et que Claire semblait avoir oubliée; mais toujours bonne et généreuse, elle ne voulut articuler aucun reproche, et elle reprit tristement :

— Croyez bien que mon cœur vous a toujours été dévoué, mais il est des circonstances plus fortes que la volonté, et si vous n'étiez pas venue vers moi, je n'aurais voulu pour rien au monde vous rappeler des engagements contractés dans des temps plus heureux, car nos positions sociales sont toutes différentes ; je suis pauvre, moi, et obligée de tendre la main pour recevoir le salaire d'un travail qui doit nourrir ma famille. .

— Comment donc en êtes-vous arrivée là? s'écria madame Fréval, vous qui possédiez tant de talents et une instruction si approfondie.

— Mon histoire est bien simple, reprit Elise ; vous savez que mon père eut le malheur de perdre la vue, et que je quittai alors la pension de madame Delmond pour revenir auprès de lui. Quelque temps après votre mariage, j'épousai moi-même un jeune homme rempli d'intelligence, de bons sentiments, mais qui, comme moi, ne possédait aucune fortune, et n'avait d'autres ressources que le produit de quelques leçons particulières dont le nombre pouvait varier d'un moment à l'autre. J'espérais suppléer par mon propre travail à l'insuffisance de notre revenu, et je me disais que notre vie modeste et laborieuse pouvait encore être heureuse, car mon époux était digne à tous égards d'estime, de tendresse, et l'affection la plus vive nous unissait l'un à l'autre. Un an environ après notre mariage, j'eus la douleur de perdre mon père, et bientôt mille petits incidents imprévus ajoutèrent encore à la difficulté de notre position. Mon mari n'avait point l'énergie de caractère nécessaire pour résister à tant d'épreuves; il se laissa aller à un découragement funeste pour sa santé, et fut atteint d'une maladie qui me donna les plus cruelles inquiétudes pour sa vie. Dieu nous prit en pitié; le danger disparut peu à peu, il se trouve en ce moment en voie de guérison, et tout nous fait espérer qu'il recouvrera bientôt ses forces et sa vigueur d'autrefois. Vous voyez, Claire, que j'ai eu à traverser des jours bien difficiles ; aux alarmes que j'éprouvais pour les jours de mon époux se joignait la difficulté de pourvoir à la subsistance de ma famille, car je suis mère de deux petites filles dont l'aînée compte six ans à peine. Dans les circonstances où je me suis trouvée, il ne m'a pas été possible de chercher des ressources ailleurs que dans mon adresse à manier l'aiguille ; voilà pourquoi je suis descendue à la condition d'ouvrière. Je me suis encore estimée heureuse de pouvoir ainsi procurer à mes enfants et à leur père les choses les plus nécessaires.

Claire avait écouté ce récit toute pensive ; en comparant une pareille existence à la sienne, elle se trouvait honteuse de ses plaintes, de ses murmures contre le sort, et elle éprouvait une compassion profonde pour la malheureuse Elise.

— Mon amie, reprit-elle, que n'êtes-vous venue vers moi dans le moment de votre détresse ? j'aurais tâché de vous venir en aide ; parlez bien vite, que puis-je faire pour vous maintenant ?

— Vos généreuses intentions me touchent plus que je ne puis vous le dire, répondit madame Dolbar ; mon mari et moi nous n'aspirons qu'à devoir notre existence au travail. Pendant sa longue maladie, il a perdu tous ses élèves, et il est d'ailleurs déterminé à renoncer à la carrière de l'enseignement qui ne convient nullement à son caractère. Ce qu'il souhaite le plus vivement maintenant, c'est d'obtenir un emploi dont le travail n'excède pas ses forces, et dont le revenu, quelque modique qu'il fût, serait pour nous d'un grand secours.

— Soyez tranquille, je parlerai de lui à M. Fréval ; je saurai l'intéresser en votre faveur, et j'espère que, grâce à ses nombreuses relations, il pourra trouver ce que vous désirez. Je serais vraiment heureuse si je pouvais contribuer ainsi à vous placer dans une meilleure situation. Mais vous croyez peut-être que je n'ai connu que des jours agréables et semés de jouissances ; ah ! détrompez-vous, j'ai moi aussi versé bien des pleurs, et je ne suis plus la rieuse et folâtre Claire que vous avez connue autrefois, le malheur ne m'a point épargnée.

— Est-il possible! vous aussi, vous avez souffert? fit Elise en couvrant son amie d'un regard affectueux.

— Je vous dirai tout, reprit madame Fréval, et vous comprendrez ce que ma position a de douloureux.

Elle raconta alors la catastrophe dans laquelle s'était engloutie la fortune de sa mère, et qui avait influé d'une manière si déplorable sur ses relations avec son époux. Elle énuméra ses prétendus griefs contre M. Fréval qu'elle représenta comme un tyran injuste et exigeant.

Elise fut péniblement affectée en entendant ces confidences ; toutefois elle connaissait assez le caractère de Claire pour ne point se faire complétement illusion sur la vérité. Elle se dit que M. Fréval n'avait peut-être d'autre tort que de montrer de la prudence, et de vouloir ramener sa jeune femme à des idées de simplicité et de modération en rapport avec sa nouvelle position de fortune.

Aussi, au lieu de faire entendre à Claire le

langage que lui tenaient la plupart des personnes de sa connaissance, elle s'efforça de lui montrer la nécessité de faire quelques sacrifices à ses goûts pour maintenir entre elle et son époux, l'union, la concorde qui pouvait seule leur donner à tous deux le bonheur. Elle lui parla de la grandeur des devoirs que lui imposait son titre d'épouse, de mère, de la douceur qu'elle trouverait à les remplir avec dévouement, avec abnégation, et la voix d'Elise trouva accès dans le cœur de la jeune femme. Sous la douce influence de son amie, elle sentit pour un moment les meilleures résolutions germer dans son esprit. Aussi, quand elles se séparèrent, toutes deux emportaient de cette entrevue un sentiment consolant et un agréable souvenir.

Claire ne devait point oublier la promesse faite à madame Dolbar; elle s'empressa de parler à M. Fréval de ces jeunes époux si dignes d'intérêt, et si cruellement éprouvés par le sort. Celui-ci était serviable, obligeant, il prit facilement l'engagement de s'employer pour Adrien, autant que cela serait en son pouvoir; mais il manifesta d'abord le désir de se mettre en rapport avec lui pour avoir une idée de son aptitude, et pour mieux juger quel était l'emploi qui pouvait lui convenir.

Claire s'empressa d'informer son amie que M. Fréval aimerait à s'entretenir avec M. Dolbar avant de faire aucune démarche en sa faveur; celui-ci ne tarda pas à se rendre à cette invitation.

La pâleur que la maladie avait laissée sur son visage rendait sa physionomie plus intéressante encore; il s'exprimait avec tant de convenance, de bon goût que son langage donnait bien vite l'opinion la plus favorable de son éducation et de son caractère. Il fit connaître à M. Fréval les différentes circonstances de sa vie; il fit passer sous ses yeux les attestations honorables qui lui avaient été données par plusieurs chefs d'institution chez lesquels il avait professé.

L'époux de Claire se sentit bientôt tout disposé en sa faveur, et quand il eut appris qu'Adrien connaissait parfaitement l'anglais, il lui parla d'une place vacante dans l'établissement où il était employé, et dont le travail consistait surtout à tenir la correspondance avec les nombreux clients d'Angleterre.

— Il me semble, dit-il, que vous seriez facilement en mesure d'occuper ce poste, car il ne s'agit que d'écrire pendant quelques heures par jour, ce qui n'est point une besogne extrêmement fatigante. S'il vous manquait quelques connaissances pratiques, je me ferais un plaisir de vous les donner ; ainsi, si vous le voulez, je demanderai cette place pour vous, et j'espère que rien ne s'opposera à ce qu'on vous l'accorde.

Adrien remercia M. Fréval avec effusion, et protesta qu'il remplirait avec zèle, avec ardeur toutes les fonctions dont on voudrait bien le charger.

L'époux de Claire tint parole, et comme il possédait toute la confiance de son patron, il ne lui fut pas difficile d'obtenir pour son jeune protégé le poste qu'il désirait. Adrien fut bientôt installé dans son nouvel emploi, dont le revenu, tout modeste qu'il était, devait apporter un grand changement dans la situation de la pauvre famille. La satisfaction qu'il en éprouva eut sur sa santé la plus heureuse influence; aussi, dès ce moment, il sentit se ranimer chaque jour ses forces et son courage.

Elise se trouvait bien heureuse ; elle était loin pourtant d'être entourée des douceurs de l'aisance, et ne songeait point encore à renoncer à ses travaux. Mais que lui fallait-il à elle pour bénir la Providence? rien que de pouvoir jouir en paix de l'affection des êtres qui l'entouraient, et leur épargner les privations cruelles qu'il lui avait été si pénible de leur voir supporter.

Ses vœux étaient donc exaucés, et le souvenir des jours de souffrances et d'épreuves lui faisait goûter plus vivement encore le calme de sa situation présente.

X

PAULINE.

Cependant lorsqu'Elise s'abandonnait à la douce satisfaction qu'elle éprouvait d'avoir retrouvé une de ses compagnes d'autrefois, le souvenir de Pauline lui revenait parfois à l'esprit ; mais elle ne se croyait pas destinée à la revoir jamais, quand un jour Claire vint à elle, en lui disant :

— Vous ne vous doutez guère de la rencontre que j'ai faite hier ; je me trouvais à une réunion chez madame Dombreuil, quand tout à coup, je reconnus dans l'une des invitées Pauline Darcy, qui habite en ce moment Paris. Je m'avançai vers elle ; notre reconnaissance s'effectua le mieux du monde, et nous nous entretînmes quelque temps ensemble. Nos souvenirs nous reportèrent bientôt vers la maison d'éducation où nous avons passé deux années ensemble ; elle me parla de vous, me demanda si je savais ce que vous étiez devenue ; je lui fis connaître alors le lieu de votre demeure, sans préciser exactement votre situation. Elle ajouta quelques mots pour me dire tout le plaisir qu'elle aurait à vous revoir ; mais bientôt d'autres personnes arrivèrent, et interrompirent forcément l'entretien. Toutefois, je pus remarquer que Pauline n'est pas heureuse, elle non plus ; son regard est triste et morne ; elle restait froide et indifférente au milieu de la gaîté qui se manifestait autour d'elle, et pourtant son mari occupe une belle position ; elle jouit d'une fortune assez considérable ; je ne sais pourquoi un nuage voile ainsi son front. J'en ai parlé à madame Dombreuil qui la connaît peu ; elle ne l'avait invitée que parce que M. Gervilly est lié avec son mari ; mais elle ne sait rien des chagrins que Pauline pourrait avoir. Je ne serais nullement étonnée si vous receviez sa visite, car elle a paru vivement touchée en songeant à vous : elle a rappelé vos excellentes qualités, et elle s'est écriée, avec une émotion véritable :

— Je n'ai jamais oublié cette bonne Elise, et il serait doux pour moi de m'entretenir avec elle, de me retrouver en sa présence. Pendant le cours de ma longue absence, j'ai songé plusieurs fois à elle, et je regrette d'avoir cessé de lui donner de mes nouvelles.

Quelques jours plus tard, madame Dolbar se trouvait, un matin, dans sa chambre occupée à un ouvrage de broderie, tandis que ses deux filles, assises à ses côtés, l'égayaient par leur joyeux babil. Tout à coup, on frappa discrètement à la porte ; Elise vit paraître une dame d'une taille élevée et vêtue avec une certaine élégance.

Adrienne et Jeanne la regardèrent avec étonnement, et leur mère s'avança aussitôt vers la visiteuse, car elle avait reconnu Pauline Darcy, sa compagne d'autrefois.

Madame Gervilly jeta les yeux autour d'elle avec une surprise qu'elle eut peine à dissimuler, c'est que malgré les efforts d'Elise et l'ordre qu'elle faisait régner dans son intérieur, on voyait partout dans son humble logis les traces de la gêne dans laquelle elle avait si longtemps vécu. C'était là une révélation singulière pour Pauline, qui jusque là n'avait pas soupçonné sa situation réelle de fortune.

Madame Dolbar comprit ce qui se passait dans l'esprit de son amie; un moment elle se sentit triste et humiliée, mais elle repoussa bientôt ce sentiment pour ne songer qu'à accueillir de son mieux son ancienne compagne.

Elise lui exprima le bonheur qu'elle avait à la revoir; elle lui tendit affectueusement la main en l'invitant à s'asseoir, et la conversation s'engagea bientôt douce et amicale. Adrienne et Jeanne s'assirent timidement à l'écart; bientôt madame Gervilly promena ses regards sur elles.

— Ces enfants sont sans doute les vôtres? dit-elle à madame Dolbar.

— Oui, madame, reprit Elise.

— Vous êtes plus heureuse que moi, fit Pauline avec un triste sourire, j'ai souvent regretté de n'avoir pas le bonheur d'être mère.

— Ces deux petites filles font en effet **ma** joie, répondit Elise en les couvrant d'un tendre regard; c'est ainsi que la Providence place souvent des compensations à côté des grandes douleurs, car j'ai eu à traverser des jours bien pénibles depuis le moment où nous nous sommes vues pour la dernière fois.

Elle parla alors vaguement de ses malheurs, de la funeste maladie de son époux; puis, comme il n'entrait pas dans son caractère d'occuper longtemps les autres d'elle-même, elle ne tarda pas à changer l'entretien et à interroger à son tour madame Gervilly.

Pauline lui donna quelques détails sur le long voyage qu'elle avait accompli avec son époux, et qui avait duré plus longtemps encore qu'elle ne l'avait prévu d'abord ; elle lui parla ensuite d'un séjour d'une année qu'elle avait fait à Toulon après sa rentrée en France ; elle apprit à Elise que M. Darcy avait quitté Paris peu de mois après son départ, mais qu'il y était revenu quelques années plus tard, puis elle ajouta en baissant douloureusement la tête :

— Chère Elise, vous me croyez peut-être au sein du bonheur? détrompez-vous, car mon cœur est navré d'amertune.

— Est-il possible? fit madame Dolbar ; hé quoi! M. Gervilly aurait des torts à votre égard?

— Non, non ! détrompez-vous, je n'ai pas à me plaindre de lui ; c'est un homme rempli de nobles qualités ; peut-être aurais-je désiré de trouver en lui un caractère plus expansif, mais pourtant, je n'ai pas regretté un seul jour de m'être unie à lui. Ce qui porte la tristesse dans mon ame, c'est un dissenti- ment qui s'est élevé entre ma famille et moi. Vous n'ignorez pas que la guerre d'Afrique n'est point encore terminée ; or, le régiment commandé par le colonel Darcy vient d'être désigné pour faire partie d'une expédition destinée à soumettre des peuplades révoltées. Mon père est parti sans me dire adieu ; il est parti irrité, mécontent contre moi, et cela à

cause des perfides insinuations de ma belle-
mère, n'est-ce pas là une pensée amère et
déchirante ?

— Je sens, en effet, que ce doit être pour
vous un profond regret, que d'avoir vu M.
Darcy s'éloigner dans de pareilles dispositions ; mais j'en suis certaine, son affection
pour vous n'est point éteinte, et si vous lui
offriez quelque marque de respect et d'amour,
il vous écrirait bien vite pour vous donner
l'assurance que tous ses griefs contre vous
sont oubliés.

— Tout rapprochement entre nous est
impossible, reprit douloureusement Pauline,
car avant tout, il exigerait que je fisse des
avances à ma belle-mère, et pour rien au
monde, je n'y voudrais consentir ; elle a eu
sur ma destinée une trop funeste influence.

Elise l'écoutait triste et pensive, toutefois, elle n'essaya point de se heurter à ses
idées ; elle comprenait que Pauline était dans
un état de surexcitation trop violente pour
qu'il fût possible en ce moment de plaider
devant elle avec succès la cause de madame
Darcy, et d'ailleurs, la jeune femme ne vou-

lait point s'exposer à troubler, par un échange
de paroles amères, une réunion qui succédait
à une si longue séparation. Elle se contenta
donc d'exprimer à son amie la part qu'elle
prenait à ses chagrins, et, quand elles se
séparèrent, madame Gervilly lui donna son
adresse en lui disant le plaisir qu'elle aurait
à la recevoir.

Après son départ, Elise demeura longtemps silencieuse et réfléchie ; elle reportait
sa pensée sur ses deux compagnes d'autrefois :

— Hélas ! se disait-elle, toutes deux ont
apporté dans le monde les défauts qu'elles
manifestaient dans leur jeunesse, et qui leur
enlèveront peut-être pour toujours le bonheur dont elles pourraient jouir. Claire com-
prendra-t-elle jamais que l'existence doit
avoir un autre but que le plaisir, et qu'elle
est coupable en sacrifiant le repos de sa
famille à son penchant pour la vanité ?
Pauline oubliera-t-elle un jour cette haine
si vivace qu'elle porte à madame Darcy et
que rien ne justifie ? Puisque la Providence
nous a rapprochées une fois encore, puis-

qu'elles se sont souvenues d'une amie humble, pauvre, que bien d'autres auraient délaissée, je veux faire tous mes efforts pour leur être utile; rien ne me coûtera pour les désabuser, pour ramener dans leurs ames le calme et la paix.

Tandis qu'elle s'abandonnait à cette pensée, un doux sourire éclairait le visage d'Elise; elle se sentait heureuse de la tâche qu'elle voulait accomplir; c'était là un noble but à poursuivre, mais pouvait-elle avoir l'espoir de l'atteindre? Aurait-elle jamais assez d'ascendant sur Claire pour transformer ses penchants, ses inclinations? et tous ses efforts ne devaient-ils pas échouer devant le caractère altier et opiniâtre de madame Gervilly?

Elise ignorait complètement les nouveaux incidents qui avaient rendu plus complète encore la rupture entre Pauline et madame Darcy, et nous allons les faire rapidement connaître.

A l'époque de son mariage, la jeune femme, comme nous l'avons vu, avait quitté avec joie la maison paternelle pour se soustraire à l'autorité de sa belle-mère, que celle-ci exerçait pourtant avec tant de douceur et de bienveillance.

Pendant toute la durée de son absence, elle avait entretenu avec son père une correspondance suivie; mais, tout en lui prodiguant les expressions de sa tendresse, elle ne parlait de sa belle-mère qu'autant qu'il le fallait pour obéir aux convenances; elle le faisait toujours avec froideur et indifférence, et affectait constamment de ne jamais prononcer le nom de ses jeunes sœurs et de son frère.

Un semblable oubli était de nature à blesser profondément madame Darcy ; elle s'abstenait d'en parler, pour ne pas ajouter au chagrin qu'en éprouvait son époux. Quand elle reçut la nouvelle que monsieur et madame Gervilly allaient rentrer en France, elle se proposa d'accueillir sa belle-fille comme par le passé, et de ne lui manifester ni aigreur ni ressentiment. Elle tint parole, et, dès leur première entrevue, elle lui témoigna une bonté affectueuse qui eût dû la ramener à d'autres sentiments.

Mais c'en était fait; la jalousie de madame

Gervilly était portée à son comble, et devait étouffer en elle toute autre pensée. Son père lui avait paru plus froid, plus sévère qu'auparavant, et elle avait attribué ce changement à l'influence de madame Darcy. Ensuite, à la place d'Hélène qu'elle avait quittée tout enfant, elle retrouvait une jeune fille, belle, aimable, au sourire charmant, à la voix douce, sympathique, et qui, élevée par une mère accomplie, joignait aux grâces extérieures les qualités solides de l'esprit et du cœur.

Pauline remarqua cette transformation avec surprise, avec regret ; elle ne se montra nullement disposée à répondre aux avances que lui fit la jeune fille, et bientôt se présenta une occasion qui fit éclater son inimitié.

Madame Gervilly se trouvait un soir à une réunion intime à laquelle figuraient également madame Darcy et sa fille Hélène. Après avoir consacré quelque temps au plaisir de la conversation, on proposa d'organiser un petit concert, dont les musiciennes de la société devaient faire les frais.

Pauline fut invitée à se faire entendre ;

elle y consentit aisément, car elle avait l'opinion la plus favorable de son talent.

Elle chanta avec beaucoup de justesse et de méthode un air qui fut vivement applaudi. Charmée de l'effet qu'elle avait produit, elle promenait avec complaisance ses regards autour d'elle, et s'entretenait avec quelques dames placées à ses côtés, quand tout à coup elle tressaillit. Elle venait d'apercevoir la maîtresse du logis conduisant vers le piano une jeune fille vêtue d'une modeste robe blanche, mais fraîche et charmante dans sa simple parure, et qui n'était autre qu'Hélène Darcy.

Elle préluda d'abord en hésitant, puis bientôt sa voix devint plus ferme et plus vibrante.

Le morceau choisi par la jeune chanteuse était une plaintive et mélancolique romance, où un pauvre enfant de la Savoie, mourant de froid et de faim, appelle sa mère à grands cris, et lui adresse ses derniers adieux.

Hélène était douée d'une véritable organisation musicale, elle oublia bientôt le monde qui l'entourait et mit toute son ame dans son

chant ; elle trouva des intonations déchirantes ; il y eut dans sa voix des pleurs, des
sanglots. Les auditeurs prêtaient une oreille
attentive, étonnés eux-mêmes de l'émotion
poignante qui s'emparait de leurs cœurs, et
des larmes qui mouillaient leurs paupières.

Lorsque mademoiselle Darcy regagna sa
place, ce fut au milieu d'un religieux silence,
plus élogieux que tous les applaudissements
qu'elle aurait pu recueillir, et quand l'impression qu'elle avait fait naître eût peu à
peu diminué, des louanges enthousiastes
s'élevèrent de toutes parts en sa faveur. On
s'étonnait qu'une aussi jeune fille eût déjà
tant de puissance dans la voix, et sût rendre avec tant de véhémence et de vérité la
pensée du compositeur. C'était à qui féli-
citerait madame Darcy sur le talent de sa
fille.

Pauline observait cette scène en silence,
s'efforçant de dissimuler son dépit, et de ne
pas laisser soupçonner les sentiments qui
l'agitaient.

Elle eut assez d'empire sur elle-même pour
rester calme et souriante quoiqu'elle sentît

gronder dans son cœur une sourde colère contre Hélène et contre madame Darcy, qu'elle accusait intérieurement d'avoir produit sa fille en public pour chercher à l'éclipser.

Elle se trouva heureuse quand il lui fut possible de se retirer, et de se soustraire ainsi à la contrainte qu'elle s'imposait; elle regagna sa demeure agitée et mécontente. Pauline dormit peu, et lorsqu'elle se réveilla, la première pensée qui s'offrit à elle fut celle du triomphe que sa sœur avait obtenu.

Dans le courant de la journée, elle reçut la visite d'une de ses tantes nommée madame Gelmar, et elle se laissa aller à lui parler de sa belle-mère dans les termes les plus malveillants. Comme la dignité de sa vie ne laissait guère de place à la médisance, Pauline se contenta de se plaindre de l'influence que madame Darcy exerçait sur son époux, influence dont elle se servait pour attirer toute sa tendresse sur elle et sur ses enfants.

Or, madame Gelmar était une femme aux idées étroites et mesquines; elle n'avait vu qu'avec un extrême déplaisir le second mariage de M. Darcy, elle ne pouvait pardonner à l'épouse du colonel son manque de fortune. Elle encouragea sa nièce dans ses mauvaises dispositions, en lui disant qu'après tout, elle ne devait aucune reconnaissance à une femme qui avait dû s'estimer fort heureuse de trouver, en s'unissant à M. Darcy, une position sociale à laquelle elle semblait ne pas pouvoir prétendre.

Ces excitations produisirent leur effet, Pauline se persuada de plus en plus qu'elle avait des motifs réels de mécontentement contre sa belle-mère. Aveuglée qu'elle était par l'amour-propre, elle cessa pour un momen de distinguer le vrai du faux, et se promit de faire sentir sa mauvaise humeur à madame Darcy, à la première occasion qui se présenterait.

Quelques jours après la soirée qui avait produit sur elle une impression si douloureuse, Pauline reçut la visite de sa belle-mère et de ses deux jeunes sœurs, qui ne soupçonnaient rien de ce qui se passait dans son esprit.

Pauline prit un visage grave, sérieux, et

les reçut avec une froideur excessive, que madame Darcy remarqua bien vite. Elles échangèrent quelques phrases banales ; puis la conversation en resta là, et Amélie, voyant l'entretien se traîner languissamment, voulut échapper à cette gêne, à cette contrainte. Elle ne trouva rien de mieux que d'aller vers le piano ; elle l'ouvrit, en disant à Hélène :

— Chante donc à Pauline cette romance de la Charité, que tu chantes si bien, et que papa aime tant à entendre.

A ces mots, madame Gervilly fit un brusque mouvement ; la petite fille, sans y prendre garde, venait de froisser sa susceptibilité, et de réveiller les sentiments qui l'avaient agitée si péniblement les jours précédents.

Madame Darcy remarqua son trouble, son émotion, et s'approchant d'elle avec bonté :

— Vous paraissez souffrir, lui dit-elle, seriez-vous malade aujourd'hui?

La jeune femme, surexcitée par son dépit, vit une intention maligne dans ces paroles dictées par un intérêt réel ; elle répondit sèchement qu'elle se portait à merveille, et ne comprenait rien aux questions qu'on lui adressait ; puis elle ajouta :

— Croyez-vous, madame, que je sois votre dupe? votre présence ici est pour moi une nouvelle preuve de votre dissimulation. Vous venez me tendre une main amie, et pourtant c'est avec empressement que vous saisissez les occasions de me nuire. Dernièrement encore, n'est-ce pas vous qui avez engagé votre fille à chanter immédiatement après moi, importunée que vous étiez du succès que j'avais obtenu?

Madame Darcy pâlit ; elle venait enfin de comprendre ce qui se passait dans l'ame de Pauline.

— Hélas! se dit-elle, elle envie à cette pauvre Hélène son triomphe, et pourtant, elle devrait en être heureuse, car cette chère enfant n'aura peut-être un jour d'autre ressource que son talent.

Elle regarda fixement madame Gervilly, et lui dit d'une voix altérée :

—Vous m'étonnez singulièrement, et vous me prêtez des intentions qui ont été bien loin de ma pensée ; ah! je le vois, vous vous abandonnez à une basse jalousie, qui ne devrait pas trouver accès dans une ame droite et généreuse.

— Brisons là, madame, fit Pauline avec hauteur ; la volonté de mon père a pu vous donner autrefois quelque autorité sur moi ; mais ce temps est loin de nous, et je ne vous reconnais pas le droit d'apprécier ma conduite.

En entendant ces paroles outrageantes, Hélène et Amélie fondirent en larmes ; madame Darcy se leva aussitôt, et avec un geste plein de dignité :

— Pauline, dit-elle, je ne vous rappellerai point ici les soins que j'ai donnés à votre jeunesse, la sollicitude dont je vous ai toujours entourée. Par votre ingratitude, vous avez attristé ma vie et celle de votre père ; votre langage d'aujourd'hui est bien coupable ; toutefois, j'aime à croire que vous cédez à un entraînement irréfléchi, que vous regretterez bientôt vous-même. Je n'en entendrai pas davantage, et nos relations seront interrompues jusqu'au jour où vous serez disposée à reconnaître vos torts.

En disant ces mots, madame Darcy s'éloigna suivie d'Hélène et d'Amélie, que cette scène avait péniblement impressionnées.

Madame Gervilly était en proie à une vive agitation; elle se sentait honteuse du rôle qu'elle avait joué dans cette circonstance; si elle ne regrettait point d'avoir blessé sa belle-mère, elle souffrait de lui avoir laissé voir le dépit, la jalousie qui s'étaient emparés d'elle.

Dans cette disposition d'esprit, elle éprouvait le désir de s'entretenir de ce qui s'était passé, et d'entendre approuver sa conduite. Aussi, quand elle se retrouva en présence de son mari, elle se hâta de lui parler de sa rupture avec madame Darcy, mais sans préciser toutefois les circonstances qui l'avaient amenée.

Comme tous les savants qui s'adonnent avec ardeur à de profondes et sérieuses études, M. Gervilly ne prêtait d'ordinaire qu'une légère attention aux événements de la vie réelle, et il apportait peu de perspicacité dans son jugement sur les personnes et les choses. Ce qui lui avait plu dans Pauline

Darcy, c'était l'élévation de son intelligence qui lui permettait de trouver de l'intérêt dans sa conversation, et de l'initier en partie aux secrets de ses recherches et de ses découvertes dans le domaine de la science.

Du reste, désireux de faire régner la paix dans son intérieur, il lui accordait une grande latitude, se mettait rarement en opposition avec les volontés de sa compagne, et s'abstenait de contrarier ses goûts.

Quand elle se plaignit de l'hypocrisie, de la dissimulation de madame Darcy, ajoutant qu'elle avait su les démasquer, et qu'elles allaient vivre désormais étrangères l'une à l'autre, il lui répondit par quelques phrases banales sur l'éloignement que lui inspiraient ces deux défauts, et il ne chercha point à démêler si la jeune femme avait des motifs réels de plainte, contre celle qui lui avait tenu lieu de mère.

Pauline n'avait donc personne qui pût l'éclairer sur ce qu'il y avait de coupable dans sa manière d'agir. Abandonnée ainsi à ses propres inspirations, et aveuglée par son orgueil, elle n'eut pas un moment la pensée que sa conduite était digne de blâme, et qu'elle avait des torts à réparer.

Quelques semaines plus tard, arriva la Saint-Victor, c'était le jour de la fête de M. Darcy, et madame Gervilly résolut d'aller lui présenter ses vœux, comme elle en avait conservé l'usage, car il n'entrait nullement dans ses vues de rompre avec son père, pour qui elle ressentait toujours une vive affection. Quoiqu'elle éprouvât encore une grande irritation contre sa belle-mère, elle se promit d'être assez maîtresse d'elle-même, pour sauvegarder au moins les apparences, et pour ne pas laisser deviner à son père ses véritables dispositions. Elle espérait qu'il ignorait la scène qui avait eu lieu entre elle et madame Darcy.

Lorsque Pauline se présenta chez le colonel, on l'introduisit dans un salon, où il ne tarda pas à la rejoindre. Il se présenta à elle avec un visage sévère, qui contrastait avec sa bienveillance habituelle.

Elle s'en aperçut, mais elle lui adressa cependant quelques mots affectueux, pour rappeler la circonstance qui l'amenait.

M. Darcy l'interrompit bien vite, en lui disant froidement :

— Ma fille, vous voulez me faire croire à votre tendresse; mais la meilleure preuve que vous puissiez m'en donner, ce serait d'avoir plus d'égards et de respect pour votre belle-mère.

—Ah! s'écria madame Gervilly hors d'elle-même, vous avez donc prêté l'oreille à ses perfides accusations; vous ne voyez pas qu'elle n'a qu'un but, c'est de m'enlever votre tendresse, et si vous n'y prenez garde, si vous n'avez pas assez d'énergie pour vous soustraire à son influence, un jour arrivera où elle parviendra à me fermer votre cœur.

— Vos paroles de ce moment aggravent encore vos torts, reprit le colonel; madame Darcy est plus généreuse que vous n'affectez de le supposer; elle ne m'a rien dit qui puisse vous nuire dans mon esprit; mais je connais votre conduite à son égard, et je tenais à vous dire que je la juge sévèrement, et qu'en agissant ainsi, vous me blessez dans mes affections les plus chères.

— Je n'essaierai pas de me justifier, s'écria

douloureusement Pauline ; je vois que vous
êtes prévenu contre moi, et que toutes mes
protestations seraient inutiles. Ah! qui m'eût
dit qu'au jour de votre fête, vous n'auriez
pour moi que des paroles amères et blessantes? Maudit soit l'instant où cette femme est
venue prendre la place de ma pauvre mère !

— Pas un mot de plus, fit le colonel d'une
voix grave et triste, un tel langage me navre
de douleur; pouvez-vous méconnaître ainsi
les nobles qualités de celle qui est pour moi
une compagne dévouée, et qui a été prodigue envers vous de soins et de marques
d'amitié? Eloignez-vous de ma présence, car
j'ai peine à contenir ma juste indignation.

Un combat violent s'engagea dans l'ame
de la jeune femme; elle eut un moment la
pensée de s'élancer vers son père et d'implorer son pardon; mais sa fierté l'arrêta. Elle
demeura un instant immobile, puis, prenant
une résolution décisive, elle sortit de l'appartement, et s'élança dans la rue en compri-
mant les larmes qui s'échappaient de ses
yeux, et en jetant un regard attristé sur
cette maison, où elle avait toujours trouvé

un accueil si affectueux, et où elle venait de subir une si cruelle épreuve.

Ce jour devait faire acte dans l'existence de madame Gervilly, et laisser dans son ame des traces profondes et douloureuses ; aussi, les semaines qui suivirent cette pénible entrevue, se traînèrent bien tristement pour la jeune femme. M. Darcy ne lui avait donné aucun signe d'existence ; elle connaissait assez l'inflexibilité de son caractère, pour penser qu'il ne reviendrait point sur la décision qu'il avait prise. Or, l'amour filial n'était point éteint dans son cœur, et elle souffrait amèrement d'être bannie de la présence de son père.

Plus d'une fois, elle eut la pensée d'aller faire une démarche auprès du colonel, pour recouvrer ses bonnes grâces, pour opérer une réconciliation qu'elle désirait avec ardeur ; mais elle savait qu'il voudrait avant tout obtenir qu'elle offrît ses excuses à sa belle-mère, et aucune considération n'aurait pu l'y déterminer.

Les choses en étaient là, quand le régiment commandé par M. Darcy fut envoyé en

Afrique, où une expédition s'organisait pour soumettre quelques tribus de la Kabylie, qui voulaient se soustraire à la domination française.

Pauline apprit indirectement cette nouvelle ; la pensée des périls auxquels son père allait être exposé, fit taire en elle tout autre sentiment, et abattit pour un moment son orgueil. Cette fois rien ne l'arrêta ; elle voulut à tout prix l'embrasser une fois encore avant son départ.

Ce fut avec un trouble violent, qu'elle se présenta à la demeure de M. Darcy, et quelle fut sa douleur, quand la servante lui apprit qu'il avait quitté Paris depuis quelques heures.

— Mais, ajouta cette fille, si vous voulez voir madame et ses deux demoiselles, je vous conduirai auprès d'elles ; ah ! elles n'ont pas cessé depuis hier de verser des pleurs ; ç'a été une triste scène que celle du départ. Mesdemoiselles Hélène et Amélie ne pouvaient se détacher des bras de leur père ; lui-même avait les yeux pleins de larmes, et leur disait : « Mes enfants, mes pauvres enfants, ne vous désolez pas ainsi, nous nous reverrons un jour. »

— Il est donc parti, parti définitivement, murmura lentement la jeune femme.

— Oui, vous arrivez trop tard, mais ne voulez-vous pas voir madame?

— Non, non, je vous remercie, reprit Pauline avec empressement.

Elle désirait se retrouver seule, car la nouvelle du départ de son père et les détails que lui avait donnés la servante, avaient produit une vive agitation dans son esprit. Elle se représentait M. Darcy au moment de s'éloigner, prodiguant à sa femme, à ses enfants les témoignages de sa tendresse, sans avoir une pensée pour elle, et cette idée l'accablait de douleur; dans un pareil moment, elle n'aurait voulu pour rien au monde se trouver en présence de madame Darcy.

— Ah! se disait-elle en regagnant son habitation, il quittera donc la France sans m'avoir donné le baiser d'adieu, sans m'avoir adressé une parole d'amitié. S'il périt dans cette guerre lointaine, le souvenir de notre dernière entrevue sera un regret mortel qui empoisonnera ma vie ; que de craintes, que d'angoisses vont désormais m'assaillir ! Hélas ! il me chérissait tant autrefois, et il était si heureux de me nommer sa fille ; je ne connais que trop la fatale influence qui a transformé son affection pour moi en une profonde indifférence ; et il me faudrait m'humilier devant celle qui me poursuit ainsi de sa haine ! non, non, jamais je ne pourrai y consentir.

Madame Gervilly se méprenait pourtant, en attribuant la conduite du colonel aux conseils de Madame Darcy. Après la pénible discussion qui avait eu lieu entre Pauline et sa belle-mère, celle-ci s'était promis de garder le secret sur ce qui s'était passé, car elle espérait que la jeune femme reviendrait bientôt à de meilleures dispositions, et elle comprenait que ce serait augmenter encore son ressentiment, que d'apprendre sa conduite à son père, qui ne manquerait pas de lui infliger un blâme énergique.

Toutefois, elle n'avait pu dissimuler complètement l'impression fâcheuse que cet incident avait produite sur elle. M. Darcy avait

été frappé de la tristesse empreinte sur ses
traits; il lui en avait demandé la cause, et
ses réponses embarrassées lui avaient fait
deviner qu'elle lui cachait quelque chose.

Il avait interrogé alors la plus jeune de
ses filles; Amélie était une excellente enfant,
mais vive et étourdie ; elle avait été révoltée
d'ailleurs du langage que Pauline avait tenu
à sa mère; elle ne dissimula donc rien à
M. Darcy, qui comprit combien sa fille avait
mal agi.

C'était un homme juste, équitable, ferme
dans ses décisions ; il trouva madame Gervilly plus coupable encore, en songeant à la
modération dont sa belle-mère avait fait
preuve, et il résolut de ne montrer à Pauline
qu'un visage froid et sévère, jusqu'au jour
où elle serait disposée à reconnaître ses torts
et à les réparer. La nouvelle de son prochain
éloignement ne put le déterminer à se rapprocher d'elle.

La veille de son départ, madame Darcy
essaya vainement d'ébranler sa détermination ; elle le supplia d'avertir madame Gervilly, de l'appeler auprès de lui. Hélène et

Amélie joignaient leurs voix à celle de leur mère, mais leurs instances furent vaines.

M. Darcy avait été trop profondément blessé, d'ailleurs sa dignité lui défendait d'offrir à sa fille un pardon qu'elle ne sollicitait point; quoi qu'il dût lui en coûter, il voulut quitter la France sans lui donner le baiser d'adieu.

Dès le jour fatal où Pauline avait appris l'éloignement de son père, une mélancolie profonde s'empara d'elle, des visions funèbres vinrent l'assaillir au milieu des réunions qui lui plaisaient le plus autrefois. C'est en vain qu'elle cherchait à écarter de son esprit cet importun souvenir; tout repos avait fui loin d'elle, et les murmures de sa conscience troublée s'élevaient sans cesse pour attrister sa vie.

Madame Gervilly se trouvait depuis quelque temps dans cette fâcheuse disposition d'esprit, quand elle fit la rencontre de madame Fréval, dont la vue lui rappela cette bonne Elise, cette amie dévouée qu'elle avait paru si longtemps oublier. Elle retraça alors à sa pensée leurs relations d'autrefois, relations qui avaient répandu tant de charmes sur son existence de jeune fille. Elle avait, en ce moment, le besoin d'avoir auprès d'elle un cœur ami, qui reçût la confidence de ses douleurs ; aussi éprouva-t-elle le désir de se rapprocher d'Elise.

Elle sentait, d'ailleurs, qu'elle l'aimait toujours ; en effet, il appartient aux ames nobles, généreuses, d'inspirer un attachement réel, durable, que les circonstances peuvent affaiblir un moment, mais jamais effacer entièrement.

XI

UNE FUNESTE RÉSOLUTION.

Quelques jours après avoir reçu la visite
de madame Gervilly, Elise se rendit à l'invitation qu'elle en avait reçue ; elle la trouva
installée dans un logement spacieux, confor-
table et entourée de tout ce qui peut contribuer à l'agrément de la vie ; mais tout en
portant ses regards autour d'elle, et en comparant cette aisance, ce bien-être à la pénurie
qui régnait dans sa demeure, madame Dolbar
n'eût pu éprouver aucun sentiment d'envie,
alors même qu'elle en eût été susceptible, car
la tristesse empreinte sur le visage de Pau-

line révélait assez les pensées pénibles qui l'agitaient, et qui l'empêchaient de profiter des jouissances que la Providence lui avait départies.

L'entrevue fut douce et amicale, et dans le courant de la conversation, madame Gervilly parla de sa rencontre avec Claire, et demanda quelques détails sur la situation de la jeune femme.

Elise fut heureuse de redire avec quelle générosité madame Fréval était venue à son secours, et lui avait tendu la main au jour de la détresse.

— Voilà qui m'étonne, reprit madame Gervilly, car sa légèreté, sa frivolité m'ont toujours donné une opinion assez défavorable de son caractère, et je ne l'aurais pas crue capable d'un bon mouvement.

— Détrompez-vous, fit madame Dolbar ; son éducation a été des plus défectueuses, mais son cœur est excellent ; si sa conduite est répréhensible en quelque chose, c'est que son caractère est faible, indécis, et elle se laisse entraîner par les conseils des amies frivoles qui l'entourent. Pour moi, je n'oublierai jamais les droits qu'elle a acquis à ma re-connaissance.

— Puisqu'il en est ainsi, répondit madame Gervilly, je la reverrai avec plaisir; je vous saurai gré quand l'occasion s'en présentera de ménager un rapprochement entre nous.

Elise s'empressa de réaliser le désir de Pauline, et peu de temps après cette conver-sation, les trois jeunes femmes se trouvèrent un jour en présence, dans l'humble logis de madame Dolbar.

C'était la première fois qu'elles étaient réunies depuis le jour déjà si éloigné d'elles, où elles avaient adressé leurs adieux à la mai-son qui avait vu s'écouler quelques années de leur existence.

Cette circonstance était de nature à faire impression sur leurs cœurs, aussi gardèrent-elles d'abord le silence, plongées qu'elles étaient dans leurs réflexions. Elles interro-geaient par la pensée les années qui s'étaient succédé depuis leur séparation, et elles y trouvaient sans doute des souvenirs bien pénibles, car des larmes mouillèrent leurs yeux, et elles baissèrent tristement la tête.

Ce fut Elise qui retrouva la première un calme sourire; le passé avait eu pour elle des souffrances amères, mais n'éveillait pas un remords dans son ame. N'avait-elle pas la conscience d'avoir rempli avec une angélique abnégation tous ses devoirs de fille, d'épouse, de mère? et un tel sentiment était certes de nature à effacer dans son cœur la trace de toute émotion douloureuse.

Pauline et Claire n'avaient point assez de confiance l'une dans l'autre, pour s'initier mutuellement à tous les secrets de leur existence; la conversation se renferma donc dans des généralités.

Madame Gervilly parla beaucoup du long voyage qu'elle avait fait, des différents pays qu'elle avait parcourus. De son côté, madame Fréval lui présenta ses deux petites filles, mais sans rien dire qui pût faire soupçonner la discorde qui régnait entre elle et son époux, et Pauline ne fit aucune allusion à sa rupture avec sa famille.

Elles se retracèrent quelques souvenirs de leurs années de pension, et furent d'accord pour déclarer que l'avenir n'avait point tenu les promesses de bonheur qu'il semblait leur faire alors, et qu'en avançant dans la vie, elles avaient vu se succéder rapidement les mécomptes et les désillusions de tout genre.

Lorsque les trois jeunes femmes se séparèrent, ce fut en se faisant la promesse de se retrouver encore ensemble.

Cependant madame Fréval était sur une pente fatale, et malgré la douce influence de son amie, elle s'acheminait vers une catastrophe qui devait la plonger dans un abîme de douleur.

Elle n'avait que trop bien prêté l'oreille aux funestes insinuations des femmes mondaines qui formaient sa société, et, afin de satisfaire son goût pour la parure, elle s'était peu à peu décidée à acheter à l'insu de son mari quelques bagatelles fort coûteuses.

Une fois engagée dans cette voie, elle ne devait plus s'arrêter; trop irréfléchie pour prévoir les conséquences de sa conduite, elle s'abandonnait à l'ardeur de ses désirs sans avoir la force de leur résister. Elle promettait à ses fournisseurs de s'acquitter avec le temps; elle faisait taire les plaintes de quelques-uns d'entre eux en leur donnant des à-compte et grossissait imprudemment d'autres mémoires.

Pour obtenir quelques triomphes de vanité, elle se créait ainsi une existence pleine de troubles et d'agitation, car elle recevait d'incessantes réclamations et consacrait tous ses soins à cacher ses dépenses à son mari. Sans se l'avouer à elle-même elle se trouvait coupable envers lui, elle se sentait mal à l'aise en sa présence, et ses propres torts lui inspiraient plus d'éloignement encore pour M. Fréval.

Elle s'était bien gardée de confier ces détails à Elise, car elle savait que son amie blâmerait énergiquement sa conduite; mais une pareille situation devait avoir un terme.

Les marchands qui se trouvaient en relations d'affaires avec madame Fréval étaient las d'attendre en vain l'exécution de ses promesses; leurs réclamations devenaient de plus en plus pressantes, et la jeune femme était exposée sans cesse aux scènes les plus désagréables.

Un jour qu'elle se trouvait avec son mari,

elle fut frappée d'effroi en voyant entrer sa modiste qui venait de pénétrer de force dans la maison, malgré l'ordre formel que Claire avait donné de ne pas la recevoir.

— Ah! ah! s'écria-t-elle, je savais bien vous trouver ici, moi, et l'on voulait pourtant me faire croire que vous étiez absente. J'ai été trompée assez de fois, mais aujourd'hui je m'étais dit que j'entrerais à tout prix, d'autant plus que je savais bien rencontrer M. Fréval; je suis sûre qu'il ignore tout ce qui se passe.

En finissant cette tirade, elle s'avança vers l'époux de Claire, et fit passer sous ses yeux une longue liste d'objets fournis à madame Fréval, et dont elle n'avait point reçu le paiement.

Le malheureux pâlit, il entrevit la vérité avec épouvante. Hé quoi! tandis qu'il s'assujettissait à un laborieux travail pour fournir aux dépenses de sa famille, tandis qu'il faisait tous ses efforts pour maintenir un ordre parfait dans ses affaires, sa jeune femme se livrait à des prodigalités insensées et parvenait à se soustraire au sage contrôle qu'il avait établi sur ses dépenses ; c'était là pour lui une triste et douloureuse pensée.

Toutefois il eut assez d'empire sur lui-même pour maîtriser d'abord les sentiments impétueux qui grondaient dans son cœur. Il s'avança vers sa jeune femme, et d'une voix qu'il s'efforçait de rendre calme.

— Reconnaissez-vous, lui dit-il, être redevable de la somme que l'on vous réclame en ce moment?

— Oui, monsieur, murmura madame Fréval en proie au trouble le plus violent.

Il s'achemina ensuite vers son secrétaire, y prit quelques billets qu'il avait mis en réserve pour le paiement de son loyer, puis les remit à la marchande qui, satisfaite d'avoir ainsi réussi dans sa démarche, s'empressa d'acquitter son mémoire, puis s'éloigna sans ajouter un mot.

Claire était tremblante et agitée, car elle pressentait que la modération de M. Fréval n'était qu'apparente, et, en effet, quand les deux époux se retrouvèrent seuls, il laissa éclater sans ménagement toute son indignation.

Ce fut une scène pénible et douloureuse ; madame Fréval eut recours d'abord aux larmes et aux prières ; elle protesta de ses regrets ; puis, voyant qu'elle ne pouvait apaiser la colère de son mari, elle s'abandonna à son tour aux plaintes les plus amères ; elle s'écria qu'elle maudirait sans cesse le jour où elle s'était unie à un homme qui la plaçait dans la cruelle alternative de se priver des objets nécessaires, ou d'entendre des reproches injustes et outrageants.

M. Fréval exaspéré s'enfuit à la hâte, car il craignait, disait-il, de ne plus pouvoir se contenir.

Un pareil événement n'était pas de nature à ramener la bonne intelligence entre les deux époux ; dès ce jour leurs rapports devinrent plus rares et plus froids encore.

Claire se promit d'employer toute son habileté pour empêcher de parvenir jusqu'à M. Fréval, ceux qui avaient encore quelque réclamation à lui adresser.

Parmi ses créanciers, il s'en trouvait un surtout dont les plaintes l'importunaient outre mesure : c'était un tapissier nommé

M. Samuel qui, deux années auparavant, lui avait fourni un ameublement complet pour son salon.

M. Fréval s'était d'abord opposé à cette dépense qu'il jugeait superflue ; mais Claire avait eu alors recours à la ruse pour parvenir à son but.

Elle avait persuadé à son mari que le marchand consentait à reprendre les anciens meubles, et à en donner d'autres en échange moyennant une somme très-modique. Or, il n'en était rien, et la capricieuse jeune femme n'avait même reculé devant aucun sacrifice pour se procurer un ameublement du goût le plus nouveau.

M. Samuel attendit d'abord avec patience le paiement de sa créance ; puis quelques indiscrétions lui inspirèrent des craintes qui allèrent toujours en s'augmentant, à mesure que les mois s'écoulèrent. Il ignorait toutefois que l'affaire avait été conclue à l'insu de M. Fréval ; il chercha à le voir, à s'entretenir avec lui ; et, après quelques tentatives infructueuses, il ne voulut plus garder aucun ménagement, et crut faire un coup de maître en s'adressant à M. Leynard.

Il avait appris que la couturière de madame Fréval se trouvait dans le même cas que lui ; il l'engagea à joindre sa réclamation à celle qu'il allait faire lui-même.

M. Leynard était un homme juste et bienveillant, d'un caractère plein de franchise et de droiture.

M. Fréval le vit un jour s'approcher de lui, l'air grave et mécontent, et quel fut son étonnement, en entendant son patron lui dire sans aucun préambule et avec un accent qui trahissait l'indignation :

— Monsieur Fréval, je vous ai toujours regardé comme un de mes employés les plus consciencieux, et j'ai vu en vous jusqu'à présent un homme probe, rangé, laborieux, attentif à faire régner l'ordre dans ses affaires.

— Et qui vous a dit qu'il n'en est pas ainsi ? reprit M. Fréval douloureusement surpris d'une telle apostrophe.

— Ah ! répondit le riche industriel, je viens d'apprendre des choses qui peuvent avoir les plus funestes conséquences ; je sais que vous refusez de satisfaire vos créanciers, et que vous avez même recours à la ruse pour ne pas répondre à leurs plaintes. Est-ce là la conduite que vous devriez tenir, vous qui êtes pourvu d'un emploi qui pourrait fournir largement aux besoins de votre famille? et pourtant, je n'en puis douter, car les faits sont là qui parlent hautement contre vous.

En terminant ces mots, il présenta à M. Fréval les lettres parvenues jusqu'à lui, et qui contenaient les réclamations de M. Samuel et de la couturière.

L'infortuné caissier courba la tête et pâlit; son malheur lui apparaissait tout entier, il se voyait sur le point de perdre l'estime de son patron qu'il avait gagnée par de longues années de zèle et de probité, aussi ce fut d'une voix brisée qu'il reprit :

— Monsieur, je suis bien malheureux, mais non coupable. Tandis que j'apporte la plus stricte économie dans mes dépenses personnelles, madame Fréval se livre à mon insu à de folles prodigalités. Je vous jure sur l'honneur que j'ignorais l'existence de ces créances, je sais que cela est étrange, et que vous avez le droit de ne pas me croire.... Dès demain, je vous l'atteste, je me mettrai en mesure d'acquitter les mémoires dont on réclame le paiement.

L'industriel demeura un moment pensif, partagé entre des sentiments divers. Toutefois, M. Fréval avait répondu avec un accent de sincérité qui portait à croire à la vérité de ses paroles; d'ailleurs, tout son passé plaidait éloquemment en sa faveur. Aussi M. Leynard reprit bientôt d'un ton amical :

— Je comprends votre situation, et j'accepte votre justification. Il m'était pénible de voir en vous un de ces hommes inconsidérés qui, ne mettant aucune proportion entre leurs revenus et leurs dépenses, se placent dans l'impossibilité de satisfaire leurs engagements, et par là même s'exposent à se laisser entraîner à des actes d'indélicatesse , d'improbité dont nous ne voyons autour de nous que trop d'exemples. Maintenant que tout m'est expliqué, ma confiance vous est rendue ; remettez-vous donc, mon pauvre

Fréval, ajouta-t-il en voyant l'attitude morne et découragée de son employé. Je regrette vraiment ce que cette scène a eu de pénible pour vous, et si j'ai un conseil à vous donner, c'est de prendre désormais avec plus d'énergie les rênes de l'autorité, au sein de votre famille. Votre femme se lamentera, s'indignera peut-être, mais finira par se conformer à la nécessité, et vous ne serez plus exposé ainsi à entendre des réclamations qui pourraient donner de votre caractère l'opinion la plus défavorable. Quant à moi, je vous le répète, je ne conserve aucun doute sur votre loyauté, et j'ai la conviction que vous possédez réellement cette modération dans les désirs que j'ai toujours reconnue en vous, et qui seule permet à un homme de rester probe et honnête.

Malgré ce qu'il y avait de bienveillant pour lui dans les dernières paroles de son patron, M. Fréval se sentait atterré; aussi quand il parut devant sa compagne, elle fut effrayée de l'altération de ses traits, et du tremblement convulsif qui agitait tous ses membres. Elle ne fut pas longtemps à en deviner la cause, car il lui dit d'une voix brève et saccadée :

— Madame, remettez à l'instant tous vos bijoux entre mes mains.

— Qu'en voulez-vous faire? que signifie cette demande? murmura la jeune femme en pâlissant.

— Obéissez, madame, obéissez sur-le-champ, fit M. Fréval d'un ton impératif; vous ne vous souvenez pas des dettes que vous avez contractées, vous croyez que vous pourrez toujours impunément satisfaire votre penchant pour le luxe, sans répondre aux plaintes de vos fournisseurs, autrement que par de vagues promesses, ah! détrompez-vous! J'ai reçu aujourd'hui un affront dont le souvenir ne s'effacera jamais de mon esprit. Vos créanciers ont adressé leurs réclamations à M. Leynard qui est venu me demander compte du désordre introduit dans mes affaires. Sous peine de passer aux yeux de mon patron pour un malhonnête homme, il me faut trouver aujourd'hui la somme nécessaire pour les satisfaire. Vous me réduirez aux plus cruelles extrémités; je vous devrai peut-être un jour le déshonneur de ma vie.

L'accent de M. Fréval était si sombre, si douloureux que Claire fut tout impressionnée, et n'eut pas même la pensée de résister. Elle prit à la hâte sa chaîne, sa montre, ses bracelets, et vint les remettre entre les mains de son mari ; mais en se séparant de ces objets auxquels elle attachait tant de prix, elle poussa une douloureuse exclamation, et murmura :

— Ah ! que je suis malheureuse !

— Vous êtes malheureuse, reprit M. Fréval, en attachant sur elle un triste regard ; eh bien ! vous subissez les conséquences de votre conduite ; et moi, qu'ai-je fait pour mériter les ennuis qui m'accablent ? Si vous l'aviez voulu, nous aurions pu vivre heureux et tranquilles ; mais il aurait fallu que vous renonçassiez à votre goût immodéré pour le luxe et la parure. Bien loin de là, vous n'avez obéi qu'à vos fantaisies, vous n'avez cédé à aucun de mes conseils, vous avez creusé un abîme sous nos pas. Aussi ne faudra-t-il vous en prendre qu'à vous-même, si j'en viens à une résolution extrême qui vous placera dans une situation déplorable.

Claire voulut répondre, son mari ne lui en laissa pas le temps; il s'éloigna rapidement, emportant les bijoux de la jeune femme, qu'il voulait échanger contre la somme d'argent qui lui était nécessaire.

A partir de ce jour, M. Fréval fut sobre de paroles; il n'adressa plus un seul reproche à sa compagne; il s'abstint même de faire aucune allusion à l'incident qui venait d'avoir lieu; mais il y avait dans toutes ses allures quelque chose d'étrange; son visage était morne et triste; les jeux de ses enfants n'amenaient plus un sourire sur ses lèvres et il était constamment en proie à une surrexcitation singulière. Il faisait de longues et fréquentes absences, et paraissait absorbé par de profondes préoccupations.

Enfin, il régnait dans cette demeure une gêne, un malaise indéfinissable, et Claire se sentait instinctivement menacée de quelque catastrophe.

Un matin enfin, ses regards se portèrent vers une lettre déposée sur la cheminée, et dont l'écriture produisit sur elle un effet foudroyant, car elle reconnut celle de son mari, elle parcourut en tremblant cette lettre qui était ainsi conçue :

» Madame,

» Assez longtemps j'ai souffert de vos folles prodigalités, de votre conduite inconséquente ; c'en est fait, je ne veux plus supporter une pareille existence. J'ai accepté les propositions d'un négociant qui m'a offert à Philadelphie un poste de confiance.

» Je quitte Paris aujourd'hui même ; désormais nous vivrons étrangers l'un à l'autre, et, dans quelques semaines, un espace immense nous séparera pour toujours. Il m'a fallu les motifs les plus graves pour me décider à prendre une telle détermination, mais j'ai acquis la triste conviction qu'en prolongeant mon séjour en France, je devais dire à jamais adieu au repos de ma vie. La pensée de mes devoirs envers mes enfants n'a pu ébranler ma résolution, car je suis convaincu que mon départ leur sera utile et profitable.

» A la maison paternelle n'avaient-elles pas sans cesse sous les yeux le spectacle de nos discordes qui pouvait exercer sur elles la plus triste influence? Or, je n'abandonne point le soin de leur avenir ; je veillerai à ce qu'elles soient placées dans une maison d'éducation convenable, et pour cela, je m'adresserai à une femme vraiment digne d'estime, d'admiration en qui j'ai la confiance la plus entière, vous devinez sans doute que c'est de madame Dolbar que je veux parler.

» Je n'ai pas pu m'entretenir de cette affaire avec elle, car il n'entrait pas dans mes intentions de lui laisser connaître d'avance mon départ. Je ne tarderai pas à lui faire savoir ce que je réclame de son obligeance, en lui faisant parvenir les fonds nécessaires pour réaliser mon dessein. Je suis persuadé qu'elle s'y prêtera de bonne grâce, et j'espère, madame, que vous n'hésiterez pas un instant à lui confier Fanny et Léonie ; ce sera vous décharger d'une responsabilité qui devra vous peser lourdement, car je sais que l'amour maternel n'habite point dans votre cœur. Si vous aviez aimé vos enfants, n'auriez-vous pas consacré la plus grande partie de vos instants à former leur cœur, leur esprit, n'auriez-vous pas sacrifié vos goûts frivoles au soin de leur bonheur, de leur avenir ?

» Je n'ajouterai pas un mot, mais interrogez votre conscience avec calme, avec recueillement, et, je n'en doute pas, elle vous fera des reproches plus cruels que ceux que je pourrais vous adresser moi-même.

» Louis Fréval. »

En terminant cette lecture, la jeune femme s'affaissa sur une chaise, accablée sous le poids d'une pareille infortune, car elle entrevoyait toutes les conséquences de la détermination de son époux ; c'était pour elle la misère, la honte et le mépris de la société.

Claire exhala longtemps sa douleur dans des larmes amères, dans des sanglots déchirants, puis elle chercha partout un regard protecteur, un regard ami.

Sa mère était perdue pour elle, car la malheureuse femme n'avait pu supporter la perte de sa fortune et la privation du luxe dont elle aimait à s'entourer. Privée des consolations que la religion lui eût offertes, elle s'était abandonnée tout entière aux regrets que lui inspirait un passé qui ne devait jamais renaître. Elle avait traîné dans l'ennui, dans l'oisiveté les heures de son existence, autrefois remplies tout entières par le plaisir; sa raison s'était peu à peu éteinte, et elle devait terminer misérablement sa vie dans un établissement d'aliénées.

A qui donc Claire ira-t-elle demander secours et consolation? est-ce à ces femmes frivoles, mondaines qui lui ont prodigué leurs pernicieux conseils? Elle ne le sait que trop; son infortune, au lieu de les attendrir, excitera leur raillerie et leur malignité. Sa pensée se reporte alors vers Elise, vers cette bonne Elise à l'ame si tendre et si dévouée.

C'est vers elle qu'elle portera ses pas, elle la connaît assez pour savoir que madame Dolbar mêlera ses pleurs aux siens, et se sentira émue, attendrie par son malheur. Or, quand la souffrance nous oppresse, est-il rien de plus désirable que de trouver un cœur qui tressaille et palpite à l'unisson du nôtre?

Elise vaquait gaiement à ses travaux ordinaires quand elle vit tout à coup Claire s'avancer pâle et haletante.

— O Ciel! qu'avez-vous? lui dit-elle, car elle comprit sur-le-champ que quelque chose d'étrange venait de s'accomplir.

— Elise, murmura la jeune femme d'une voix brisée, je suis la plus infortunée des créatures, et j'accours vers vous, parce que je vous regarde comme ma meilleure, comme ma seule amie. Ma mère m'a sacrifiée en m'unissant à M. Fréval : c'est un homme cruel, injuste, et qui n'a jamaiseu d'affection pour moi.

— Vous le jugez mal, reprit doucement madame Dolbar.

— Non, non, et vous allez vous en convaincre, répondit Claire en tendant à Elise la lettre de son époux qu'elle avait froissée convulsivement.

Madame Dolbar la parcourut avec surprise, avec douleur, elle avait eu plusieurs fois l'occasion de s'entretenir avec M. Fréval, et elle lui avait trouvé des manières affables, un langage plein de sens et de raison. Elle comprit qu'il avait fallu des considérations bien

puissantes pour entraîner un homme d'un tel
caractère à un acte si étrange qui donnait à
tous le droit de juger sa conduite avec tant
de sévérité.

Toutefois, elle sentit que le moment n'était
pas convenable pour reprocher à la jeune
femme des torts qui devaient avoir pour elle
de si tristes conséquences. Elle prit les mains
de son amie, et les pressa quelque temps
en silence dans une affectueuse étreinte, car
elle voulait donner à son émotion le temps
de se calmer.

— Ma pauvre Claire, ne vous désespérez
pas, dit-elle enfin d'une voix pénétrante;
votre douleur n'est que trop légitime; mais
le mal n'est peut-être pas irréparable; qui
vous dit que M. Fréval effectuera son projet, et que ce n'est pas là une vaine menace?

— Il ne m'est pas permis d'en douter,
reprit Claire, sa résolution est irrévocable.

— Il ne s'expatriera pas pour toujours,
continua madame Dolbar; il reviendra,
soyez-en certaine, et pendant son absence
montrez-vous courageuse, résignée; c'est là
le seul moyen d'opérer une réconciliation qui

aura lieu tôt ou tard. Enfin, quoi qu'il arrive, vous trouverez toujours en moi une amitié sincère et constante. Je n'ai ni pouvoir, ni fortune, mais je vous aiderai autant que possible à supporter le poids de vos chagrins.

— Je n'en attendais pas moins de vous; ah! vos paroles me font du bien, s'écria la jeune femme.

Et elle resta longtemps encore auprès de son amie, écoutant les touchantes consolations que suggéraient à Elise et sa piété et son ardente charité.

Claire était trop abattue pour ouvrir son ame à l'espérance; mais quand elle s'éloigna de madame Fréval, sa tristesse avait quelque chose de moins amer, de moins poignant; le doux et amical langage de son amie avait un peu calmé sa douloureuse agitation.

Lorsque M. Dolbar rentra au logis, sa compagne s'empressa de lui raconter la nouvelle qu'elle venait d'apprendre, et il y répondit par une exclamation de surprise et de douleur, car il connaissait et estimait M. Fréval.

— Oh! le malheureux! s'écria-t-il, quelle

résolution singulière et funeste il a prise là !
Il faut à tout prix l'empêcher d'accomplir un
projet qui perdrait sa jeune femme, et qui lui
causerait à lui-même des regrets irrépara-
bles. Peut-être est-il temps encore de l'arrêter ; je veux du moins l'essayer.

Adrien s'élança en toute hâte dans la
rue, et courut chez M. Leynard, auquel il
demanda à parler pour une affaire pressante. Celui-ci avait reçu la veille même les
adieux de M. Fréval, et il le croyait déjà
parti. Il connaissait les motifs de son départ
et ne blâmait point sa conduite, mais il
regrettait en lui un employé actif et consciencieux.

Après avoir quitté son patron, M. Dolbar
fit la rencontre d'un autre commis qui était
lié intimement avec M. Fréval ; il s'empressa
de lui en demander des nouvelles.

— Vous connaissez sans doute le parti
qu'il a pris, lui répondit celui-ci.

— Oui, monsieur, reprit Adrien ; mais
pourriez-vous me dire s'il a commencé à
l'exécuter ?

— Certainement, il a quitté Paris ce matin ; il est au Hâvre, où il ne tardera pas à s'embarquer.

Adrien salua son interlocuteur et s'éloigna d'un pas rapide ; son parti était pris ; il voulait partir à l'instant même pour rejoindre M. Fréval. Il lui en coûtait certainement de s'arracher même pour peu de temps à sa famille et à ses occupations ; il n'était nullement certain d'atteindre le but qu'il poursuivait, mais il s'agissait du repos, de l'avenir d'une famille, et cette pensée l'emportait sur toute autre considération.

Quand il fit part de son dessein à Elise, celle-ci y applaudit de grand cœur et l'engagea à ne pas en différer un moment l'exécution ; elle se chargea d'aller trouver M. Leynard et de lui faire excuser l'absence d'Adrien.

M. Fréval se promenait tristement sur la plage, attachant ses regards sur le bâtiment qui devait le transporter le lendemain loin des côtes de la France. Il voyait les matelots s'agiter en tous sens pour se livrer aux derniers préparatifs, et dans ce moment suprême une émotion profonde assaillait son ame ;

il se trouvait dans cette situation d'esprit, lorsque tout à coup il entend prononcer son nom ; il se retourne, et aperçoit devant lui Adrien Dolbar.

— Hé quoi! vous ici, lui dit-il, quel est donc le motif qui vous amène?

— Ah! Monsieur, fit le jeune homme avec véhémence, j'ai appris votre projet, et je viens pour vous empêcher de l'exécuter.

— Toutes vos instances seraient vaines, reprit froidement M. Fréval, rien ne peut ébranler ma résolution ; elle a été longtemps méditée en silence pendant mes longues nuits d'agitation et d'insomnie. Vous ne savez pas, Monsieur, tout ce que j'ai souffert dans une lutte incessante entreprise au nom de la raison, contre des fantaisies et des caprices sans cesse renaissants. Tous mes efforts pour faire régner l'ordre dans mes affaires, ont été infructueux et impuissants. Au lieu de me seconder, Claire a mis des entraves à tous mes projets; elle m'a calomnié auprès de ses amies; elle m'a représenté partout comme un époux ombrageux et tyrannique. J'aurais voulu, après mes heures de travail, pouvoir me délasser à mon foyer par une causerie douce et amicale; et je n'y trouvais pas un instant de paix ni de repos. Vous ne pouvez comprendre quelle a été mon existence, vous qui avez pour compagne une femme angélique, qui s'oublie elle-même pour ne songer qu'à ceux qui l'entourent.

— Détrompez-vous, reprit M. Dolbar, je sais combien vous avez été abreuvé d'ennuis et d'amertume; mais, croyez-moi, le parti que vous voulez prendre sera pour vous une nouvelle source de douleurs. Vous n'ignorez pas quelles difficultés, quelles déceptions vous attendent dans ces contrées lointaines où vous trouverez des habitudes, des mœurs et un climat tout différents du nôtre. Ignorez-vous donc les racines profondes que jette dans le cœur de l'homme l'amour de son pays? Pas une heure ne s'écoulera sans que son souvenir fasse battre votre cœur, et qui vous dit qu'un irrésistible désir de le revoir ne vous y ramènera pas un jour? Qu'y trouverez-vous alors?.. ne frémissez-vous pas en y songeant? nul ne peut prévoir ce que deviendra votre jeune compagne que sa situation va exposer aux plus dangereuses séductions. Vous reniez vos devoirs de père, d'époux ; vous n'aurez plus de droits à la tendresse de vos enfants, dont la pensée seule devrait vous retenir en France.

— Ah ! Monsieur, ma présence ne pourrait avoir une heureuse influence sur leur avenir, et c'est leur montrer de la sollicitude que de les confier à des mains étrangères. Mon plus cher désir était de jouir en paix de la douceur des affections de famille, j'ai reconnu qu'il ne pouvait se réaliser. Vous ne savez pas tous les combats qui ont agité mon ame pendant les mois qui viennent de s'écouler. Vous devriez fortifier mon courage au lieu de l'ébranler, et me laisser entrevoir que si j'ai perdu tout espoir de bonheur, je puis du moins aspirer à trouver au delà des mers le calme et le repos après lesquels j'aspire.

— Dieu me préserve de vous tenir ce langage ; c'est avec une conviction profonde que je vous dis : abandonnez votre projet et restez parmi nous. Votre compagne se lamente, se désespère; ayez de la pitié, de l'indulgence pour elle, et elle reconnaîtra ses erreurs. Son cœur est excellent, et ses défauts sont le résultat d'une mauvaise éducation. Son jugement a été faussé par les conseils et les exemples d'une mère imprévoyante, montrez-vous généreux, et elle se rendra digne de votre pardon. Vous êtes venu à notre aide au jour du malheur; aussi, c'est la reconnaissance qui m'inspire la démarche que je fais aujourd'hui; je vous dois l'emploi qui soutient ma famille, et c'est vous qui m'avez arraché à cet état de découragement qui ruinait ma santé; eh bien! je croirai m'être acquitté à votre égard si je parviens à changer votre résolution.

La voix émue de M. Dolbar, la chaleur qui animait son discours firent impression sur M. Fréval qui se sentit troublé, ébranlé.

Adrien s'en aperçut :

— Ah! Monsieur, continua-t-il, ne résistez pas à cette voix intérieure qui, j'en suis certain, vous supplie en ce moment de renoncer à un projet si fatal. Revenez au milieu de votre famille, et, je vous en donne l'assurance, Elise et moi nous userons de toute notre influence sur votre jeune femme pour lui faire comprendre ses devoirs, pour la ramener à des idées de sagesse et de modération. N'en doutez pas, c'est la Providence elle-même qui a conduit mes pas vers vous, et qui a permis que j'arrivasse ici avant que vous ayez quitté les côtes de France.

M. Fréval était pâle et agité ; tantôt ses regards se portaient sur son interlocuteur, tantôt ils erraient sur l'immensité de la mer. Il se trouvait dans un de ces moments d'indécision si pénibles, où mille pensées contradictoires se croisent, se heurtent dans l'esprit, où l'homme se prend à regretter, bien à tort, il est vrai, que Dieu lui ait laissé son libre arbitre, et n'ait point ôté tout empire à sa volonté, en la soumettant aux lois d'une puissance invisible et inexorable.

Cette hésitation devait cependant avoir un terme ; Adrien avait remué profondément son cœur, et M. Fréval ne se sentait plus le courage d'accomplir l'acte que, quelques instants auparavant, il jugeait sage et nécessaire ; mais il n'entendait pas non plus rentrer sur-le-champ dans sa demeure, et s'exposer à voir recommencer pour lui cette existence de luttes et d'agitation à laquelle il avait voulu à tout prix échapper.

Il tendit la main à Adrien :

— Eh bien! lui dit-il, c'en est fait, j'ajourne mon départ; mais je veux que Claire ignore cette nouvelle résolution, et qu'elle croie à mon éloignement. Je ne retournerai point à Paris; j'ai ici un ami chez lequel je trouverai facilement un emploi. Si dans quelque temps j'acquiers une preuve évidente que madame Fréval est enfin disposée à prêter l'oreille à la voix de la raison, je reviendrai vers elle prêt à oublier le passé; dans le cas contraire, je chercherai une autre occasion de réaliser mon dessein.

— Je vous promets de ne pas dévoiler votre secret, reprit Adrien; et j'ai la ferme confiance que votre espoir ne sera point déçu, et qu'un jour vous bénirez le Ciel d'avoir écouté ma voix.

Le visage d'Adrien rayonnait de bonheur; il avait hâte de faire connaître à Elise l'heureux résultat de sa tentative; il ne consentit donc à prendre au Hâvre que quelques heures de repos ; puis il pressa la main de M. Fréval dans une étreinte cordiale et affectueuse ; il lui renouvela encore d'une manière formelle l'assurance qu'il laisserait ignorer à madame Fréval ce qui s'était passé entre eux, et il reprit le chemin de Paris.

Ce fut avec une satisfaction bien douce qu'Elise entendit le récit de l'entrevue qui avait eu lieu entre Adrien et l'époux de sa malheureuse amie. Toutefois, sa joie était voilée d'une ombre ; elle ne pouvait aller sécher les larmes de Claire, et ranimer son espoir ; de crainte de lui causer une déception, elle lui avait laissé ignorer le voyage de son mari, et il ne lui était pas permis de trahir le secret qu'Adrien avait promis de garder fidèlement.

Toutefois, si elle regrettait de ne pouvoir faire connaître à Claire le changement survenu dans les projets de M. Fréval, elle se sentait heureuse à la pensée de la mission qu'elle avait à remplir à l'égard de sa compagne d'autrefois. N'était-ce point à elle qu'il appartenait de ranimer, de soutenir son courage, de guider ses pas dans la voie nouvelle où la jeune femme pouvait trouver l'oubli du passé et des espérances de bonheur pour l'avenir?

XII

Dès le lendemain de son retour, Adrien
retourna à ses travaux; M. Leynard avait
facilement excusé sa courte absence en
faveur des motifs qui l'avaient provoquée;
il appréciait les qualités d'Adrien, car le
jeune employé s'acquittait de sa tâche avec
zèle, avec ardeur. Si ses occupations lui
inspiraient parfois une certaine répugnance,
il la surmontait par amour pour sa famille,
et comme il ne s'agissait plus de faire fléchir
la volonté des autres devant la sienne, il
remplissait ses fonctions d'une manière irréprochable.

Elise déployait la plus grande activité pour faire régner autour d'elle l'ordre et le bien-être, et des jours heureux se succédaient pour les deux époux, dont l'affection avait été cimentée encore par les longues souffrances supportées en commun.

Adrienne et Jeanne, pieusement élevées par leur mère, donnaient les plus belles espérances, et tout faisait présager qu'elles possèderaient aussi les qualités charmantes qui distinguaient madame Dolbar.

Quant à la pauvre Claire, elle n'osait envisager l'avenir de sang-froid, car elle se trouvait réellement dans une situation déplorable. Non-seulement elle était presque complètement dépourvue de ressources ; mais la disparition étrange de son mari ne pouvait manquer d'inspirer aux personnes de sa connaissance les commentaires les plus malveillants ; c'était là un texte fécond pour la médisance et la raillerie.

Madame Fréval n'aurait voulu pour rien au monde demander un asile à cet oncle qui avait recueilli sa mère, car elle avait depuis quelque temps cessé toute relation avec lui, et elle n'ignorait pas que c'était s'exposer aux reproches les plus humiliants.

Comme madame Dolbar seule lui témoignait un intérêt réel, Claire devait être amenée à se rapprocher d'elle, et à suivre ses conseils.

M. Fréval avait laissé Elise complètement libre d'agir comme elle le voudrait à l'égard de Fanny et de Léonie ; elle avait jugé sagement qu'il ne fallait point les séparer de leur mère, car leur présence était de nature à réveiller ses bons instincts, et à lui rappeler le sentiment de ses devoirs.

Il en coûtait à Elise de cacher à son amie le changement survenu dans les dispositions de M. Fréval ; mais outre qu'elle n'aurait pas voulu trahir un secret qui ne lui appartenait pas, une autre raison l'engageait encore à garder le silence. Elle comptait beaucoup sur les leçons du malheur, et elle comprenait que c'était là un moyen d'agir efficacement sur l'esprit de la frivole jeune femme, que de lui laisser croire qu'elle était peut-être à jamais privée de la protection de son époux. Cette certitude eût pu, il est vrai, avoir de dangereuses conséquences, mais Elise était là pour les prévenir. Elle sentait toutefois, que ce n'était point en un instant, qu'une transformation réelle pouvait s'opérer dans le caractère et les habitudes de madame Fréval ; elle se promettait de profiter de toutes les circonstances favorables pour essayer de la ramener à des idées justes et raisonnables.

Claire resta d'abord pendant quelques jours inerte, anéantie, tout entière à sa douleur ; puis ses larmes se séchèrent peu à peu, et avec son imprévoyance habituelle, elle reprit jusqu'à un certain point ses allures ordinaires, s'adonnant aux plus frivoles préoccupations, sans avoir l'air de songer que la somme d'argent qu'elle avait à sa disposition, ne pourrait lui permettre de continuer longtemps ce genre d'existence.

Elise l'observa avec une douloureuse surprise ; mais elle s'abstint d'abord de lui faire part de ses réflexions ; elle attendait une occasion qui ne tarda pas à se présenter.

Elle vit paraître, un jour devant elle, la pauvre Claire toute baignée de pleurs, et elle lui demanda bien vite la cause de ses larmes. Elle apprit alors que madame Fréval avait reçu la visite de deux dames de sa connaissance, qui s'étaient informées de ses projets avec une indiscrète curiosité ; puis, sous prétexte de vouloir l'éclairer, lui avaient rapporté, en les entourant de nombreuses réticences, des discours injurieux pour elle, qui avaient été tenus dans une réunion par quelques personnes, qui faisaient autrefois partie de sa société intime.

— Ah! s'écriait douloureusement Claire en racontant cette entrevue, elles semblaient vouloir me témoigner de l'intérêt, et elles sont venues me briser le cœur. Je ne veux plus avoir aucune relation avec ce monde perfide et menteur qui encense la prospérité, et qui accable l'infortune de ses dédains. Chère Elise, vous seule avez une charité iné-puisable, une bonté qui ne se dément jamais, aussi je m'abandonne à vous, et je ne veux plus d'autre société que la vôtre.

— Eh bien! reprit madame Dolbar, si vous voulez m'en croire, quittez votre apparte-ment, et venez vous installer auprès de moi ;

deux petites chambres bien modestes sont vacantes dans cette maison ; elles vous suffiront, et, en vous débarrassant de votre superflu, vous pourrez trouver ainsi de quoi fournir pendant quelque temps aux besoins de votre famille. Songez que si vous n'y prenez garde vous vous trouverez bientôt dans l'impossibilité de faire face aux nécessités les plus impérieuses. Il m'en coûte de vous parler ainsi, mais c'est mon amitié pour vous qui me dicte ce langage.

— J'en suis convaincue, répondit Claire, aussi je suivrai vos conseils et ainsi nous ne nous séparerons plus.

Dans tout autre moment, madame Fréval eût certainement reculé devant la pensée de quitter son joli appartement pour venir occuper l'humble logement qui se trouvait libre dans la maison occupée par madame Dolbar; mais elle était si abattue, si découragée qu'elle envisagea avec plaisir l'idée de se dérober ainsi aux regards et aux malignes plaisanteries de ses amies d'autrefois.

La jeune femme n'avait point assez de force de caractère pour exécuter seule une telle résolution ; monsieur et madame Dolbar firent opérer la vente de tout le mobilier qui ne lui était plus nécessaire, et quelques semaines plus tard Claire était installée dans un logement voisin de celui de son amie.

Fanny et Léonie étaient enchantées de ce changement, car elles se rapprochaient ainsi d'Adrienne et de Jeanne qu'elles aimaient beaucoup ; puis elles se trouvaient plus près d'Elise qui était prodigue envers elles de marques d'intérêt et de soins affectueux que leur mère négligeait parfois, car au lieu de chercher un adoucissement à ses peines, dans l'accomplissement de ses devoirs maternels, elle les regardait comme une tâche pénible. Elle faisait retomber parfois sur ses enfants le poids de sa mauvaise humeur ; elle leur adressait des reproches immérités, et, quand elle était en proie à quelque accès de tristesse, elle voulait comprimer les élans d'une gaieté si naturelle à leur âge.

S'il est des leçons qui ont une éloquence persuasive, irrésistible, ce sont assurément celles de l'exemple. La vertu a des charmes auxquels une ame corrompue peut seule rester insensible, et la vue du paisible bonheur dont Elise jouissait au sein de sa vie humble et laborieuse ne pouvait manquer de faire impression sur madame Fréval, et de lui inspirer de sérieuses réflexions. Elle devait être amenée insensiblement à reconnaître que les vraies jouissances ne consistent point dans l'éclat du luxe, ni dans les plaisirs de la vanité satisfaite, mais dans la paix de l'ame, et dans une soumission constante et absolue aux volontés de Dieu.

Cependant, Claire avait brisé toute relation avec ses anciennes sociétés ; mais dans sa nouvelle existence l'ennui ne devait pas tarder à se faire sentir pour l'imprévoyante jeune femme accoutumée à ne se livrer jamais à aucune occupation sérieuse, et à passer en visites, en conversations futiles la plus grande partie de ses journées.

Depuis qu'elle s'était trouvée aux prises avec des malheurs réels, elle ne pouvait plus consacrer de longues heures à la lecture des ouvrages légers, frivoles, qu'elle parcourait autrefois avec tant d'avidité. L'existence commençait à lui apparaître sous son côté sérieux, et son attention n'était plus captivée par cette longue suite d'aventures étranges et romanesques, dont les héros ne sont presque jamais empruntés au domaine de la vie réelle.

Elise aurait voulu lui inspirer le goût du travail, car elle-même s'y livrait toujours avec ardeur, et continuait à exécuter de jolis ouvrages de lingerie avec autant d'adresse que d'activité.

Les deux jeunes femmes se trouvaient un jour réunies ; Elise travaillait à la confection de quelques mouchoirs brodés, tandis que Claire, nonchalamment assise, portait autour d'elle un regard distrait.

— Mon amie, lui dit madame Dolbar, ne pourriez-vous m'aider ; j'ai là un travail bien pressant que je crains de ne pouvoir terminer à temps.

— Volontiers, dit madame Fréval, ranimée par l'idée de rendre service à son amie.

Elle prit un des mouchoirs qu'elle commença à broder avec distraction ; peu à peu, elle s'anima au travail, prit plaisir à considérer les jours élégants, les délicates nervures qui venaient d'éclore sous ses doigts, et les heures de cette journée lui parurent moins longues que d'ordinaire. Elle continua encore le lendemain le travail qu'elle avait entrepris, et elle l'eut bientôt terminé d'une manière irréprochable.

— Ma bonne Claire, lui dit Elise en la félicitant sur son habileté, le voulez-vous? je demanderai aussi pour vous quelques ouvrages de broderies; ce sera un préservatif contre l'ennui, et vous pourrez trouver ainsi des ressources modiques, il est vrai, mais qui ne sont cependant point à dédaigner.

Claire rougit; eh quoi! se condamner à un pénible labeur, vivre de son aiguille! cette pensée la révoltait, l'humiliait. Elle allait répondre qu'elle était bien éloignée de se soumettre à une pareille nécessité, mais son regard s'arrêta sur Elise, sur cette noble jeune femme si distinguée par son savoir, par son intelligence, et qui au jour de l'adversité n'avait pas rougi de recourir au travail, pour devenir l'appui de sa famille. Cette pensée donna un autre cours à ses idées, et arrêta son indignation prête à éclater :

— Soit, j'essaierai, murmura-t-elle, mais je ne recevrai du travail que par votre entremise, car il me serait trop pénible de le rendre moi-même, et d'en réclamer le prix : c'est un effort qui a dû vous coûter beaucoup à vous-même, ma pauvre amie.

— En effet, reprit Elise, les premières démarches de ce genre m'ont été pénibles ; mais le but que je poursuivais a fait taire toutes les susceptibilités de mon amour-propre. Avec une volonté persévérante on parvient à exécuter facilement des choses que l'on regardait d'abord comme impossibles. C'est une remarque que j'ai faite souvent dans le courant de mon existence, qui a été traversée par tant de malheurs et d'épreuves.

Bientôt madame Fréval se mit à l'œuvre ; encouragée par son amie, elle parvint à surmonter son indolence naturelle, et à consacrer chaque jour quelques heures à des occupations utiles.

Claire avait pu se laisser égarer, entraîner par de funestes conseils, et par les habitudes prises dès sa plus tendre jeunesse ; mais son ame était loin d'être inaccessible à tout sentiment généreux, et les bontés d'Elise à son égard lui inspiraient la plus tendre reconnaissance.

Madame Dolbar ne négligeait rien pour ranimer sa piété ; jusque là la jeune femme tout entière à ses préoccupations mondaines avait oublié presque complètement ses devoirs envers Dieu ; mais elle ne resta point insensible aux douces et persuasives paroles de son amie ; elle ouvrit peu à peu son esprit aux sublimes enseignements de la foi. Elle éleva ses pensées vers le Ciel, et comprit que l'existence de l'homme sur la terre doit avoir un but plus noble, que celui qu'elle lui avait assigné jusque là.

Dès lors, Elise sentit que le succès de sa mission était assuré, et qu'un jour viendrait où son amie serait réellement une femme estimable, digne de la tendresse de son époux.

Dans les premiers moments de son isolement, Claire évitait de parler de M. Fréval ; elle ne le faisait qu'avec beaucoup d'aigreur et d'amertume ; elle voyait dans son union avec lui la cause de ses malheurs.

Peu à peu, quand les lumières de la foi

eurent pénétré dans son ame, quand elle in-
terrogea sa conscience avec humilité, avec
recueillement, elle reconnut ses torts, ses
égarements, elle comprit combien elle avait
été coupable envers son époux, et un jour
vint où son ressentiment contre lui fit place
à des regrets sincères.

Elise en accueillit l'expression avec joie,
et ne négligea rien pour entretenir la jeune
femme dans de telles dispositions. M. Dolbar
écrivait assez fréquemment à M. Fréval ;
celui-ci s'empressa de lui faire part du changement qui s'opérait dans les idées de sa compagne. M. Dolbar n'ajouta pas une foi entière
aux assertions d'Adrien et d'Elise ; il avait
toujours trouvé Claire si rebelle à ses conseils
qu'il lui fallait des preuves bien évidentes
pour l'amener à croire qu'elle était revenue
réellement à d'autres sentiments.

Comme madame Fréval s'occupait davantage de ses enfants, celles-ci lui témoignaient
plus d'affection ; cependant, elle s'abandonnait parfois encore au découragement, et
Elise s'efforçait alors de faire renaître dans
son ame des pensées sereines et consolantes :

— Ne vous désespérez pas, lui disait-elle, songez aux douces jouissances que vous trouverez dans la tendresse de vos deux filles ; nous nous efforcerons de les rendre modestes, instruites, vertueuses, et un jour arrivera où elles plaideront elles-mêmes votre cause auprès de votre époux.

— Hélas ! répondait Claire avec douleur, je ne me fais point d'illusion à cet égard, j'ai perdu tout espoir de bonheur ici-bas ; mon mari est pour toujours séparé de moi ; jamais il ne me sera donné de réparer mes torts envers lui, et quand même je me dévouerais à mes enfants, quand même je les élèverais avec soin, avec amour, n'auraient-elles pas toujours à me reprocher d'avoir compromis leur avenir, de les avoir privées de leur père ? ah ! ma vie tout entière est vouée aux larmes et aux regrets.

Elise eût voulu alors pouvoir adoucir sa douleur en lui révélant la vérité ; mais elle gardait religieusement le secret promis par son époux, et elle se contentait de remplir à l'égard de son amie la mission de protection et de dévouement qu'elle s'était imposée , et qui répondait si bien à ses généreux instincts.

XIII

Cependant Elise n'avait point interrompu ses relations avec Pauline ; celle-ci recherchait même sa société, et plus d'une fois les trois anciennes élèves de madame Delmond s'étaient trouvées réunies, dans l'humble logis de madame Dolbar.

L'étonnement de madame Gervilly avait été grand, en apprenant l'événement qui venait d'opérer un si grand changement dans l'existence de Claire, et en la voyant morne et affaissée sous le poids du chagrin, elle se reportait par la pensée au moment où elle l'avait connue pleine de folâtre gaieté et de joyeuse insouciance.

Quant à elle, son front était aussi chargé de nuages, et elle essayait vainement d'éloigner de son esprit de tristes et importuns souvenirs.

Un jour que Claire s'était rendue chez son amie, et travaillait à ses côtés, Adrien qui parcourait un journal, poussa tout à coup une exclamation de surprise qui fit tressaillir les deux jeunes femmes ; elles s'empressèrent de lui en demander la cause.

Il leur fit alors à haute voix la lecture d'un article dans lequel on rendait compte d'un engagement qui venait d'avoir lieu entre les Français et les Arabes. La lutte, disait-on, avait été acharnée, et l'article se terminait par ces mots : « Plusieurs officiers ont été blessés ; d'autres ont même trouvé la mort sur le champ de bataille ; on cite parmi eux le colonel Darcy, etc. »

— Le colonel Darcy ! répéta Elise en tremblant, oh ! malheureuse Pauline, c'en est fait, les regrets les plus déchirants vont désormais habiter dans son cœur. Elle connaît sans doute déjà la vérité ; je veux aller la voir à l'instant, elle me recevra, j'en suis certaine. Je sais que ma voix n'aura aucun empire sur elle dans un pareil moment, mais je veux pourtant être à ses côtés, m'accompagnerez-vous, Claire ?

— Volontiers, reprit la jeune femme qui partageait l'émotion de son amie.

Toutes deux s'éloignèrent aussitôt, pressant le pas et marchant en silence, car elles étaient trop vivement impressionnées pour songer à échanger leurs idées.

Quand Elise demanda à voir madame Gervilly, on lui répondit qu'elle ne recevait personne.

— Veuillez lui dire que madame Dolbar demande à être introduite auprès d'elle, dit alors Elise à la domestique.

Celle-ci lui obéit, et revint bientôt en l'engageant à la suivre.

Les deux jeunes femmes s'avancèrent alors, et trouvèrent Pauline étendue sur un sofa tandis que son mari se tenait à quelques pas d'elle, muet, immobile, évitant de lui adresser ces consolations banales qui souvent irritent la douleur au lieu de la calmer.

Elise et Claire vinrent lui presser la main, elle répondit à leur étreinte sans prononcer une parole ; elle n'avait pas une larme dans les yeux ; mais un amer désespoir se lisait sur son visage douloureusement contracté.

Madame Dolbar se plaça à ses côtés ; madame Fréval se retira à l'écart ; et le silence continua à régner pendant quelque temps parmi les témoins de cette scène émouvante et lugubre.

— Hélas ! vous savez mon malheur, s'écria enfin madame Gervilly ; ah ! mon père, mon pauvre père... je ne le reverrai plus en ce monde... il est mort sans doute en maudissant sa fille ! pitié, pitié ! et des sanglots jaillirent alors de sa poitrine oppressée.

Elise ne répondit à ses plaintes déchirantes, qu'en murmurant faiblement les mots de résignation et de confiance en la bonté de Dieu. Elle eût donné tout au monde pour faire luire un rayon d'espoir dans l'ame abattue de son amie ; mais il est des souffrances devant lesquelles tout être humain comprend son impuissance, et que la voix de l'amitié essaierait vainement de rendre moins cruelles, moins amères.

Quand elles s'éloignèrent de madame Gervilly, Elise et Claire emportaient une impression profonde.

— Ah ! s'écria madame Fréval, jamais je n'ai eu sous les yeux un plus triste spectacle.

— La douleur de Pauline est immense en effet, lui répondit madame Dolbar, et certes je ne m'en étonne pas, car elle a fait une perte irréparable ; et ce qui rend sa situation plus affreuse encore, c'est la pensée de la mésintelligence qui a régné entre elle et son père. La malheureuse jeune femme expie cruellement la faute qu'elle a commise en s'aliénant la tendresse de celui qui lui a donné la vie. Si quelque chose pouvait en ce moment donner moins d'amertume à son désespoir, ce serait la présence de madame Darcy et de ses filles qui associeraient leur douleur à la sienne. Il doit être plus doux de pleurer un être chéri avec ceux qui l'ont aimé et qui partagent nos regrets, mais je crains bien que madame Gervilly ne se refuse encore à tout rapprochement.

— Serait-il possible ! reprit Claire ; ah ! je ne puis le croire, si pour effacer les dissensions qui me séparent de M. Fréval, je n'avais qu'à prononcer des paroles de repentir et de regret, je le ferais bien vite, et en agissant ainsi je ne croirais pas m'abaisser, car il me semble que c'est faire preuve de loyauté, de grandeur d'ame que de savoir reconnaître ses fautes.

— Certainement, ma bonne Claire, et je voudrais que M. Fréval eût pu entendre le langage que vous venez de tenir en ce moment ; il eût alors, je n'en doute pas, oublié tous ses griefs contre vous ; j'ai la conviction que vous n'êtes point séparés pour toujours.

— Puissiez-vous dire vrai; mais je ne veux point y croire, ce serait me bercer d'un vain espoir. Je m'abandonne parfois aux plus sombres pressentiments ; qui me dit que M. Fréval n'a point succombé aux fatigues, aux périls d'un voyage lointain ? S'il en était ainsi, si j'apprenais tout à coup qu'il est mort, emportant dans la tombe son ressentiment contre moi , que de regrets déchirants viendraient briser mon ame !

— Vos alarmes ne se réaliseront pas, reprit Elise, mais puisqu'il en est temps encore, prenez une généreuse résolution, écrivez-lui pour lui peindre votre repentir et les nouveaux sentiments qui vous animent. Une telle démarche adoucira l'amertume de son exil, et fera naître une bien douce émotion dans son cœur ; n'hésitez donc point à l'accomplir.

Claire réfléchit un instant :

— Je ne résisterai pas à vos conseils, dit-elle enfin, car le triste exemple de Pauline ne me montre que trop les funestes effets de l'orgueil et de l'opiniâtreté.

Madame Fréval tint parole. Dans le courant de la journée, elle mit sous les yeux de son amie, une lettre touchante dans laquelle elle avouait à son mari avec une humble franchise les remords que lui inspirait le passé, en même temps qu'elle le suppliait de lui envoyer du lieu de son exil des paroles de pardon et de réconciliation.

Madame Dolbar, doucement émue, embrassa Claire avec effusion, et lui promit de faire parvenir cette lettre à M. Fréval.

— Hélas! murmurait Claire tristement, il s'écoulera bien des semaines encore avant qu'elle lui soit parvenue, et qui peut prévoir quels événements arriveront d'ici à ce moment? Ah! pourquoi faut-il qu'une telle distance nous sépare? Sans cela, j'irais moi-même lui tendre une main amie qu'il ne repousserait certainement pas.

La pauvre jeune femme était bien loin de croire que les lignes qu'elle venait de tracer seraient le lendemain entre les mains de son mari, qui y verrait une nouvelle preuve de la transformation de sa jeune compagne.

Deux jours plus tard, Elise et Claire s'entretenaient encore de madame Gervilly, et de son malheur quand tout à coup on remit à madame Dolbar un billet de Pauline qui était ainsi conçu :

« Ma bonne amie, venez bien vite auprès de moi, vous qui avez partagé ma douleur, venez aussi partager ma joie. Mon père n'est pas mort, j'en ai la certitude, et il reverra peut-être bientôt la France. »

Madame Dolbar s'empressa de se rendre à l'appel de son amie, et la trouva toute différente du jour où elle l'avait vue si accablée sous le poids de la douleur.

Pauline était calme, souriante ; une douce satisfaction brillait dans son regard.

— Mon amie, dit-elle à Elise en la voyant paraître, j'ai bien des grâces à rendre au Ciel aujourd'hui. Comme je vous l'ai écrit, mon père existe encore, il s'est en effet distingué dans le combat qui vient d'avoir lieu, et un singulier concours de circonstances a pu faire croire un moment à sa mort ; c'est ce qui a donné lieu à la nouvelle rapportée par les journaux. Mais un hasard providentiel lui a conservé la vie, et il en a été quitte pour quelques légères blessures ; j'en trouve la preuve dans une lettre qu'il a écrite après l'affaire pour rassurer sa famille. Autant mes alarmes ont été cruelles, autant ma joie est vive et profonde ; depuis que je sais que je n'ai point à déplorer une perte si douloureuse, je me sens renaître à l'existence.

— Je comprends votre bonheur, reprit Elise, et croyez bien que je le partage ; je me rends compte de tout ce que vous pouvez éprouver en ce moment.

Pauline n'avait point prononcé le nom de madame Darcy; mais madame Dolbar voulut profiter de son attendrissement pour la décider à opérer une réconciliation sincère avec sa belle-mère.

— Comment donc, lui dit-elle, avez-vous eu connaissance de cette lettre du colonel qui devait mettre un terme à votre douleur et à vos regrets?

— Par madame Darcy, répondit Pauline avec un certain embarras; c'est elle qui me l'a fait parvenir; elle connaissait la nouvelle donnée par les journaux; elle s'était abandonnée elle-même au désespoir, et elle a compris quelles devaient être mes angoisses; c'eût été de la cruauté que d'agir autrement.

— Et pourtant, combien d'autres à sa place vous eussent laissée dans l'inquiétude, reprit Elise avec véhémence; n'est-ce pas le moment d'imposer silence à votre ressentiment, de renouer des relations avec une femme que vous avez méconnue jusqu'à présent, mais qui a certainement des sentiments nobles et généreux?

— Quoi donc ! Elise, voulez-vous assombrir la joie que je goûte en ce moment ?

— Dieu m'en préserve ! je veux la rendre plus parfaite, je veux vous épargner pour toujours d'autres regrets.

— Eh bien ! je verrai, reprit la jeune femme, troublée et hésitante... Quand l'occasion se présentera d'opérer un rapprochement, je ne la repousserai pas ; mais n'est-ce point à madame Darcy que je dois les souffrances que j'éprouve depuis quelque temps ? et vous voudriez que je m'humiliasse devant elle... oh ! jamais !...

Madame Dolbar essaya encore d'ébranler son amie par quelques paroles touchantes et persuasives ; mais celle-ci lui répondit avec tant de hauteur et d'impatience, qu'Elise comprit que toutes ses instances seraient vaines, et elle se promit de ne plus prononcer le nom de madame Darcy.

— Hélas ! murmura-t-elle, rien ne peut donc abattre ce fatal orgueil ; ses longues heures d'angoisses n'ont point laissé de traces dans son ame altière. Si elle le voulait, tout se transformerait, s'embellirait pour elle, mais nul ne pourra lui persuader qu'il y a eu quelque chose de coupable dans sa conduite ; elle ne veut donner accès dans son esprit à aucune pensée de générosité et de modération.

Pendant tout le reste de l'entrevue, madame Gervilly se montra gaie et aimable ; elle s'informa de Claire, demanda de nombreux détails sur sa situation actuelle, et parla avec beaucoup de sagesse de cette funeste légèreté qu'elle avait manifestée dès sa jeunesse, et qui devait avoir sur toute sa destinée une si triste influence.

Tout en l'écoutant, Elise se demandait avec regret pourquoi Pauline appréciait la conduite de son ancienne compagne avec tant de sens et de raison, tandis qu'elle apportait pour juger ses propres actions un si déplorable aveuglement.

XIV

UNE SCÈNE DE FAMILLE.

Cependant malgré les instances de monsieur et de madame Dolbar, malgré les détails qu'ils transmettaient à M. Fréval sur l'existence digne et laborieuse que menait sa jeune femme, celui-ci ne voulait point encore préciser l'époque de son retour.

Il n'avait pas lu sans émotion la lettre où Claire lui peignait ses regrets d'une manière si touchante ; mais il doutait que ce fût là l'expression réelle de sa pensée, et il croyait qu'en traçant ces lignes elle n'avait fait que céder à l'influence douce et tendre de son amie.

Fanny et Léonie parlaient souvent de leur père ; elles demandaient si son absence se prolongerait longtemps encore, et, pour toute réponse, leur mère ne trouvait que des larmes. Toutes deux perdaient peu à peu les défauts que leur avait fait contracter une mauvaise éducation, et, à l'exemple d'Adrienne et de Jeanne, elles se montraient remplies de gentillesse et de bons sentiments.

Fanny allait atteindre onze ans ; quoiqu'elle eût une intelligence assez développée pour son âge, sa mère eût voulu reculer encore l'époque de sa première communion, mais Elise lui persuada de n'en rien faire, car elle comptait sur cette enfant pour amener un rapprochement entre ses parents ; elle espérait que, pour ce jour solennel, M. Fréval voudrait voir et bénir sa fille.

Avec quelle ardeur madame Dolbar consacrait ses instants à faire comprendre à Fanny l'importance de l'action qu'elle allait accomplir ! avec quelle onction elle lui parlait du Dieu de bonté, d'amour, qui allait se donner à elle ! et l'enfant, docile à ses exhortations, montrait une ferveur qui attendrissait sa mère.

La véritable charité a une puissance irrésistible; aussi quand Claire voyait sa fille pieusement agenouillée demander à Dieu de ne jamais l'oublier, et de rester toujours fidèle à sa loi, oh alors! elle se prosternait elle aussi, et transformée, épurée par la foi, par l'amour, elle n'avait plus une pensée, plus un regret pour ce monde auquel elle avait tant sacrifié, et elle suppliait le Ciel de rendre à ses enfants leur malheureux père, de lui permettre de réparer ses torts envers l'homme estimable dont elle avait troublé, attristé la vie.

Elise jouissait du succès de ses efforts, et quelques jours avant la cérémonie elle écrivit encore à M. Fréval d'une manière plus pressante.

« Monsieur, lui disait-elle, si vous étiez témoin du spectacle que j'ai sous les yeux, vous n'hésiteriez pas un instant à revenir au sein de votre famille, auprès de vos enfants qui déplorent votre éloignement, auprès de votre compagne qui est maintenant, je vous en donne l'assurance, digne de votre estime et de votre tendresse. Revenez, je vous en conjure, et vous n'aurez qu'à bénir la Providence, car la femme frivole et mondaine que vous repoussiez loin de vous est devenue une femme pieuse, sensée, et profondément pénétrée de ses devoirs ; chaque instant m'en donne une nouvelle preuve. Soyez bien persuadé que ce n'est pas mon amitié pour Claire qui me dicte ce langage; pour rien au monde je ne voudrais abuser de la confiance que vous avez mise en moi ; mes paroles sont l'exacte expression de la vérité, et un jour viendra, je l'espère, où vous en acquerrez la conviction vous-même. »

A quelque temps de là, Elise et Claire se trouvaient ensemble dans la chambre de madame Fréval ; elles essayaient à Fanny la fraîche toilette dont elle devait être revêtue pour sa première communion, car on était à la veille de ce grand jour. Aussi l'enfant se tenait modeste, recueillie, et, loin de jeter sur ses nouveaux vêtements un regard de complaisance, elle paraissait absorbée dans de pieuses pensées. Il n'y avait d'ailleurs rien dans sa parure qui fût de nature à exciter son attention ; la façon de sa robe était des plus simples, et le long voile de mousseline qui l'enveloppait était sans aucun ornement.

En la voyant ainsi vêtue, madame Fréval se sentit attendrie, et des larmes jaillirent de ses yeux.

— Hé quoi ! maman, vous pleurez, dit l'enfant toute surprise, et pourquoi donc ? N'est-ce pas pour moi demain un bien beau jour? vous et votre bonne amie me l'avez souvent répété.

— Oui, certes, ma chère Fanny, reprit la jeune femme, demain tu seras pure comme les anges, et ta voix, comme la leur, montera vers le trône de Dieu. Tu prieras pour moi , n'est-ce pas, et tu prieras surtout pour ton père bien malheureux, car il est loin de sa famille, et il méritait un meilleur sort.

Claire achevait à peine ces mots , que la porte de la chambre s'ouvrit, et un homme s'arrêta debout sur le seuil. Madame Fréval poussa un cri; elle avait reconnu son mari, et certes, une telle apparition tenait du prodige, et elle avait le droit de croire que ses sens l'abusaient.

C'était bien M. Fréval lui-même ; il s'était rendu au touchant appel d'Elise, et il était arrivé auprès de M. Dolbar quelques instants auparavant. Celui-ci l'avait conduit au logement de Claire, et il était arrivé à temps pour entendre les dernières paroles prononcées par la jeune femme, et qui avaient doucement remué son cœur.

Elise ignorait son arrivée, cependant son étonnement devait être moins grand que celui de son amie ; aussi elle se remit la première de sa surprise, et, prenant la main de madame Fréval :

— Pauvre Claire, lui dit-elle, vous vous croyez peut-être le jouet d'un rêve, mais il n'en est rien, c'est votre époux qui est là devant vos yeux ; il n'a point quitté le sol de la France, Adrien est arrivé au Hâvre assez tôt pour l'empêcher de s'embarquer.

— Serait-il possible! s'écria la jeune femme qui voyait tout à coup s'éclairer son horizon jusque là si triste et si sombre.

Elle n'hésita plus, et s'avança vers son

époux ; déjà Fanny était dans les bras de son père qui la couvrait de larmes et de baisers.

M. Fréval tendit les bras à sa compagne, et la serra sur son cœur sans prononcer un mot, tant son émotion était profonde.

— Ma pauvre Claire, dit-il enfin, tout est oublié, je reviens vers vous animé des sentiments les plus conciliants, et disposé à jeter un voile sur le passé. Désormais, si vous le voulez, l'union, la concorde règnèront pour toujours entre nous.

— C'est là mon plus cher désir, reprit la jeune femme, et je bénirai toujours le Ciel de m'avoir permis de réparer le mal causé par ma funeste légèreté; mais tout cela me paraît bien étrange, bien inexplicable ; comment donc avez-vous pu, Elise, me laisser ignorer un secret qu'il m'importait tant de connaître ?

— C'est avec bien du regret que je vous ai caché la vérité, mais Adrien en avait fait la promesse à M. Fréval, et il n'était pas en mon pouvoir de la violer. C'est à cette condition seule que votre époux avait consenti à retarder son départ pour se rapprocher de vous si vous paraissiez disposée à revenir à d'autres sentiments, à écouter enfin la voix de la raison. Vous êtes sortie triomphante de cette épreuve, vous vous êtes montrée courageuse et résignée dans l'adversité ; aussi les jours de souffrance sont finis ponr vous.

— Grâce à votre affectueux dévouement, mon amie, reprit Claire d'une voix expressive ; c'est vous qui m'avez constamment soutenue et éclairée de vos conseils, c'est vous qui avez réveillé en moi le sentiment du devoir ; aussi si j'ai encore quelques joies à goûter sur la terre, c'est à vous seule que je les devrai, et je serais bien coupable si je cessais un seul instant d'avoir pour vous les sentiments de la plus profonde reconnaissance.

M. Dolbar s'était éloigné ; il reparut bientôt conduisant la petite Léonie qui poussa un cri de surprise en apercevant son père, et s'élança vers lui en s'écriant :

— O quel bonheur ! maman ne versera donc plus de larmes ; Dieu a écouté notre prière, car nous lui demandions chaque jour de vous ramener auprès de nous.

Ces paroles mirent le comble à l'attendrissement de M. Fréval; il enlaça sa fille dans
ses bras; il ne pouvait se lasser de la voir, de
lui prodiguer ses caresses. L'expression triste
et anxieuse de son visage avait disparu; on
eût dit qu'une ère nouvelle commençait pour
lui, son ame s'ouvrait de nouveau à l'espérance; il promenait un regard rempli de
bonheur et de tendresse sur sa jeune compagne, et sur ses deux aimables enfants.

Monsieur et madame Dolbar jouissaient
vivement du spectacle de cette félicité qui
était le fruit de leurs efforts.

Le lendemain de ce jour, Fanny, entourée
de ses petites compagnes vêtues de blanc
comme elle, s'avança vers l'autel avec un
pieux recueillement; ses parents la suivirent d'un œil attendri, et, dans ce moment
solennel, les cœurs des deux époux s'unirent
dans les vœux qu'ils formèrent pour la charmante jeune fille si belle de candeur, d'innocence, et qui allait recevoir pour la première
fois le Pain des Anges.

En quittant Paris, M. Fréval avait renoncé
à son emploi; quelques jours après son retour,

il se présenta chez M. Leynard, qui consentit
avec empressement à le lui rendre, car il
avait été loin de trouver dans son successeur le même zèle, la même intelligence.
Monsieur et madame Fréval se retrouvèrent
donc à peu près dans la même situation où
ils étaient auparavant ; mais un immense
changement s'était opéré dans leur intérieur ; la jeune femme avait renoncé à ses
funestes habitudes, et gardait le souvenir des
salutaires leçons de l'adversité.

Son époux savait tout ce qu'elle devait
aux sages conseils d'Elise ; il lui persuada
donc de conserver un logement dans le voisinage de son amie, et de ne point renouer
de relations avec ses connaissances d'autrefois, mais de se contenter de la société de
madame Dolbar.

Claire y consentit volontiers ; une épreuve
cruelle lui avait révélé la fragilité de ces
liaisons éphémères, et d'ailleurs, elle n'é-
prouvait plus un besoin continuel de distractions depuis qu'elle trouvait du charme
dans les soins qu'elle donnait à ses enfants,
et depuis qu'elle s'était accoutumée à cher-

cher dans le travail un refuge contre l'ennui.

Pour que la réconciliation entre les deux
époux fût sincère et durable, Elise avait
persuadé à M. Fréval de ne faire aucune
allusion au passé; il avait compris que c'eût
été ranimer leurs anciennes discordes; aussi
pas un mot de reproche ni de regret ne s'é-
chappait de ses lèvres.

Claire appréciait son indulgence, et depuis
qu'elle n'était plus aveuglée par la vanité,
elle rendait justice à son caractère; aussi,
une douce et cordiale intimité remplaçait
l'éloignement qui régnait autrefois entre les
deux époux. Parfois, madame Fréval s'étonnait des jouissances qu'elle goûtait dans
cette même condition où autrefois elle avait
trouvé son sort si déplorable, si digne de
pitié.

Ah! sans doute, la vraie félicité existe
rarement ici-bas; mais n'arrive-t-il pas bien
souvent que les hommes sont eux-mêmes les
artisans de leurs propres malheurs? Il est
certainement des infortunes douloureuses,
imméritées, que nulle prudence humaine ne

saurait prévoir, ni détourner, mais tel pourrait être heureux qui ouvre son ame à des
sentiments de haine, d'envie, qui se laisse
prendre aux vaines chimères de l'ambition,
et dédaigne l'humble félicité dont il lui
serait permis de jouir.

XV

Adrien Dolbar se trouvait heureux dans sa modeste existence, et il reportait rarement sa pensée vers les années de sa jeunesse, quand il reçut un jour une lettre qui produisit sur lui un effet singulier. Elle était datée de Lucival, et avait été écrite par M. Girard, le notaire du pays.

« Monsieur, disait-il à Adrien, je viens vous prier de revenir immédiatement dans votre village, et je vous engage à ne pas différer votre départ, car il s'agit pour vous d'une affaire d'une extrême gravité. M. Cauvert réclame votre présence ; il a à vous faire une communication importante. Je vous aurais écrit plus tôt, si j'avais connu votre adresse, mais il y a peu de temps que je suis parvenu à la découvrir. J'ignorais complètement ce que vous étiez devenu depuis votre départ de Lucival ; j'aime à croire qu'il ne vous est rien survenu de fâcheux, et je compte vous voir arriver d'ici à peu de jours, car, je vous le répète, de graves intérêts vous appellent dans notre pays. »

Cette lettre plongea Adrien dans une surprise profonde, et ouvrit à son esprit un vaste champ de conjectures.

Quelles révélations M. Cauvert pouvait-il avoir à lui faire ? et Adrien devait-il se décider si promptement à accomplir un long voyage qui n'aurait peut-être pour lui aucun résultat favorable ? D'un autre côté, n'était-ce point là le présage d'un événement qui allait transformer son existence ? Il connaissait peu M. Girard, mais il avait toujours été accoutumé à voir en lui un homme loyal et consciencieux.

Son hésitation ne fut pas de longue durée,

il prêta l'oreille aux conseils d'Elise qui l'engagea à ne pas différer son départ ; il aurait craint de compromettre les intérêts de ses enfants, en ne se rendant pas à l'invitation qui lui était faite.

D'ailleurs, cette lettre avait réveillé avec une nouvelle force tous ses souvenirs d'autrefois, et un désir ardent l'entraînait vers ce pays qu'il n'avait pas vu depuis si longtemps, et où il avait goûté naguère de si douces, de si profondes jouissances.

Dès le lendemain donc, M. Dolbar donna à sa femme, à ses enfants le baiser d'adieu ; puis il s'achemina vers la Touraine.

Il était trop impressionnable, pour ne pas avoir conservé profondément ce souvenir que laissent dans l'ame de l'homme les lieux où il a commencé à sentir, à aimer, à souffrir; aussi son cœur battait-il violemment à mesure qu'il approchait du terme de son voyage. Ce n'était point l'attente de son entrevue avec M. Cauvert qui en précipitait les battements, non, non, mais il allait donc revoir ce pays enchanteur, ces belles et fertiles campagnes vers lesquelles son esprit s'était si souvent transporté pendant ses longues nuits d'agitation et d'insomnie.

Lorsqu'il eut atteint la ville de Chinon, il résolut de franchir seul, à pied, la courte distance qui le séparait encore de Lucival. Il lui semblait qu'ainsi il serait plus maître de s'abandonner à ses impressions, et sur cette route qu'il avait tant de fois parcourue dans ses jours de bonheur et de calme insouciance, chaque objet qui allait frapper ses regards ne devait-il pas parler à son cœur, remuer quelque fibre dans son ame?

On était alors aux premiers jours du mois de mai; le printemps était revenu avec son gracieux cortége de fleurs et de parfums; il avait rendu à la nature la vie et la gaieté, tout semblait renaître et s'épanouir aux doux rayons d'un soleil bienfaisant. Adrien la revoyait donc parée de tous ses charmes cette contrée délicieuse, asile de sa riante enfance.

Après avoir suivi pendant quelque temps la grande route, il s'engagea dans un chemin étroit qui serpentait sur les bords de l'Indre, et qui était naguère sa promenade favorite.

Il s'avançait en promenant autour de lui
un regard ému. La rivière coulait avec un
doux frémissement sur son lit de cailloux; la
verdure des arbres et des prés revêtait mille
teintes charmantes qui reposaient agréablement la vue; les buissons se couvraient de
fleurs d'aubépine; de jolies clochettes délicates et rosées étalaient leurs fraîches nuan-
ces dans les touffes d'herbes qui bordaient le
chemin.

Çà et là s'élevaient de belles habitations
entourées de jardins cultivés avec goût, avec
art, ou bien une modeste maison blanche
apparaissait riante et gracieuse à demi-
cachée par un berceau de verdure; parfois,
comme pour animer encore le tableau, une
fraîche jeune fille se tenait auprès de la haie
du jardin, regardant de jolis enfants folâtrer
à ses pieds, ou bien lançant dans les airs
quelques notes vibrantes et joyeuses.

Des sensations tristes et douloureuses se
mêlaient pourtant au bonheur qui remplissait
l'ame d'Adrien; il reportait sa pensée vers
le moment où, rempli d'ardeur et d'espérance, il avait parcouru cette route pour la

dernière fois. Depuis cette époque combien l'existence lui avait paru souvent un poids insupportable, que de jours de douleur, de souffrances amères il avait comptés dans sa vie!

L'image d'Elise, de ses deux enfants chéries se représentait aussi à son esprit, douce, suave; il eût voulu les voir jouir avec lui de tout le charme qu'il éprouvait, et aspirer les douces émanations de cet air pur, embaumé, qui caressait son visage.

Enfin, il tressaillit; il venait d'apercevoir les premières habitations de Lucival que dominait le modeste clocher de l'église; toutefois, il n'était pas au but de sa course, car il devait aller jusqu'à l'extrémité du village, où était située la demeure de M. Girard.

Incertain qu'il était lui-même du but de son voyage, il désirait passer inaperçu, mais il n'avait point de rencontre embarrassante, de question indiscrète à redouter, car nul n'eût pu reconnaître en lui le neveu de madame Blinval. Les souffrances avaient marqué leur empreinte sur son front, et les pensées sérieuses qui avaient occupé son esprit,

avaient transformé l'expression de sa physionomie.

Les regards se fixèrent sur Adrien avec
curiosité, mais nul ne songea à l'aborder ;
tous les visages qui autrefois lui souriaient si
doucement, restaient froids à son aspect. Lui
se sentait tressaillir ; si quelques figures lui
étaient inconnues, d'autres lui rappelaient
mille incidents de son enfance.

Lorsqu'il se présenta chez M. Girard, on
lui apprit que le notaire était absent ; toutefois, il avait prévu l'arrivée de M. Dolbar, et
il avait donné l'ordre de le conduire chez
M. Cauvert, aussitôt qu'il se présenterait.

Celui-ci était installé dans la maison de
madame Blinval, qui n'était qu'à quelques
pas de celle de M. Girard. Peu d'instants
après, Adrien franchissait la grille qui donnait entrée dans la cour de cette belle habitation, où il avait grandi entouré de soins si
tendres et si dévoués.

Tout dans ces lieux avait subi une immense transformation, et l'aspect de cette
demeure faisait mal à voir ; les volets en
étaient fermés, les murs lézardés. Les hautes

herbes, les chardons croissaient au milieu des corbeilles qui naguère ornaient la cour, et où s'épanouissaient les géraniums, les verveines, les roses du Bengale. Les arbustes, autrefois disposés en massifs élégants, projetaient négligemment leurs longs rameaux, partout enfin on voyait des traces de négligence et d'abandon.

Adrien gravit lentement les degrés du perron, et toucha la sonnette d'une main tremblante ; une servante déjà avancée en âge vint lui ouvrir ; elle ne parut pas d'abord disposée à l'introduire, mais aussitôt qu'il eut fait connaître son nom, elle le conduisit dans une petite salle étroite et sombre, qui se trouvait dans une des ailes du bâtiment qui paraissait la seule habitée. Adrien y resta d'abord seul pendant quelque temps, péniblement impressionné par tout ce qui s'offrait à sa vue, et par la pensée de l'entrevue qu'il allait avoir.

Tout à coup, la porte s'ouvrit, et il vit paraître un homme à la démarche appesantie, au visage triste et morne ; c'était le maître du logis. Adrien s'inclina, s'avança vers lui, et tous deux restèrent quelque temps en face l'un de l'autre, immobiles et silencieux.

Enfin, M. Cauvert lui indiqua de la main un siége ; il se plaça à ses côtés, et d'une voix tremblante :

— Monsieur, lui dit-il, vous vous étonnez, n'est-ce pas, que j'aie réclamé votre présence; je la désirais avec ardeur, car je suis bien coupable envers vous.

— Envers moi, que voulez-vous dire? reprit Adrien avec dignité. Madame Blinval a disposé de sa fortune en votre faveur; j'aurais pu, il est vrai, espérer autre chose; mais enfin, elle était libre, et vous aviez le droit de la conserver tout entière.

— Quand vous saurez tout, vous hésiterez à me pardonner, car je suis un misérable.

Et des larmes couvrirent le visage décharné de M. Cauvert.

Adrien fit un mouvement de surprise.

— Oui, continua le vieillard avec une énergie nouvelle, j'ai commis l'acte le plus lâche qui puisse souiller un homme; j'ai trahi ce qu'il y a de plus saint, de plus respectable sur la terre, la volonté d'une mourante. Votre tante n'a pas cessé d'avoir pour vous jusqu'au dernier soupir l'affection la plus tendre, et en quittant la vie sa dernière pensée a été pour vous.

A ces mots, les sensations les plus douces s'emparèrent de l'ame d'Adrien ; c'était là une révélation qu'il accueillait avec bonheur, car s'il avait souffert de la privation de fortune, il avait peut-être été plus attristé encore de la marque d'oubli, d'indifférence que lui avait donnée sa mère adoptive, en destinant à un autre les richesses qu'elle possédait.

— Expliquez-vous bien vite, s'écria M. Dolbar, j'ai hâte de connaître la vérité tout entière.

— Eh bien ! continua M, Cauvert, c'est la sollicitude de madame Blinval pour vous qui a causé votre malheur; elle a été indignement trompée, abusée par moi ; vous frémissez, Monsieur, ah! si j'ai déshonoré mes cheveux blancs par une odieuse supercherie, c'est que j'ai été entraîné par un sentiment louable en lui-même, mais poussé chez moi à un degré d'exaltation qui troublait, égarait ma raison.

« J'avais un fils unique que vous avez

peu connu, car il a quitté Lucival fort jeune,
et depuis ce temps-là, n'a fait au pays que de
rares apparitions. Il avait coûté la vie à sa
mère, et je l'aimais d'autant plus qu'il n'avait
jamais reçu d'autres caresses que les mien-
nes. C'était, du reste, un aimable enfant que
mon Arthur : il était beau, sensible, intelligent, généreux, et de bonne heure il se dis-
tingua parmi ses condisciples par son aptitude au travail et par l'énergie de sa volonté.
Quand je le plaçai au collége, il réalisa les
espérances que son enfance avait fait concevoir; chaque année, il remportait de brillants
succès, et il revenait chargé de couronnes.
Mais il était plus grave, plus réfléchi que ne
le sont d'ordinaire les jeunes gens de son âge,
et des idées d'ambition germaient dans son
esprit. Il me laissa entrevoir qu'il ne consen-
tirait jamais à devenir mon successeur, mais
qu'il aspirait à être initié aux opérations
financières, espérant ainsi trouver un chemin
rapide pour arriver à la fortune. Je n'essayai
point de contrarier ses projets, me disant
d'ailleurs que les facultés dont la nature
l'avait doué légitimaient son espoir. Lorsqu'il

eut terminé ses études, il se plaça à Paris dans
une maison de banque, et, au bout de quelques années, il parvint à occuper un poste
assez lucratif. Son séjour dans une grande
ville en avait fait un jeune homme accompli,
ses manières avaient pris une certaine élégance ; et, à la distinction répandue dans
toute sa personne, nul n'eût pu deviner qu'il
était né et avait grandi dans un village. Il ne
se laissait point aller aux plaisirs coupables
que recherchaient quelques-uns de ses amis ;
mais il tenait à mettre dans sa toilette une
certaine recherche, et se plaisait beaucoup à
figurer dans les salons de la bonne société,
où ses avantages personnels lui assuraient
du succès.

» Mon fils n'avait plus besoin de moi, je
commençais déjà à sentir le poids de l'âge ;
aussi quand je trouvai un prix avantageux
de mon étude, je n'hésitai pas à m'en défaire.
Je vivais donc solitaire dans ce village,
n'ayant d'autre amour au cœur, que l'amour
paternel, d'autre désir que le bonheur d'Arthur ; or, tout semblait lui sourire, et c'était
d'un œil confiant et tranquille que j'envisa-
geais pour lui l'avenir.

» Un jour, pourtant, je le vis revenir à
Lucival pâle et soucieux, il essaya vainement de dissimuler sa tristesse sous un appa-
rent enjouement. Je compris qu'il était en
proie à quelque peine secrète, et je m'efforçai
de la découvrir, ce fut d'abord en vain. Il
voulut me persuader que je m'abusais, mais
l'œil d'un père est clairvoyant, et il finit par
convenir que j'avais deviné juste.

« Eh bien! oui, me dit-il, je souffre, je
ne suis point heureux, mais à quoi bon
vous affliger en vous laissant lire dans mon
cœur? il n'est pas en votre puissance de calmer mon agitation, de ramener le calme dans
mon esprit. » Hé quoi! voir mon fils aux
prises avec la douleur, et ne pouvoir éloigner
de lui la souffrance, ne pouvoir dissiper ce
nuage qui voilait son front si radieux naguère,
c'était là quelque chose de cruel et d'étrange;
je ne pouvais y croire, et je sentais dans mon
ame une tendresse si vive qu'il me semblait
que rien ne me serait impossible pour donner
le bonheur à mon Arthur. Je le suppliai
tant, que la veille de son départ il prêta enfin
l'oreille à ma prière, et me dévoila tout ce qui

se passait en lui. Arthur possédait toute la confiance de son patron qui l'admettait dans ses réunions intimes ; ce n'est point impunément qu'il se trouvait ainsi en contact continuel avec des gens opulents, entourés de toutes les splendeurs du luxe ; il comparait avec amertume leur situation à la sienne ; d'inquiets désirs l'agitaient, le troublaient sans cesse ; plus que jamais la médiocrité lui faisait horreur, et, pour comble d'infortune, un sentiment profond s'était glissé dans son cœur.

« Il n'avait pu voir mademoiselle Clarisse Boursaut, la fille de son patron, sans être ébloui de sa grâce, de sa beauté ; toutefois, la pensée de s'unir à elle, lui apparaissait comme un rêve irréalisable, et il maudissait le sort de ne l'avoir pas fait naître dans une condition, où il eût pu lui offrir de partager sa destinée. « La fortune, me disait-il, est le seul obstacle qui nous sépare, mais ma fierté me défend de tenter une démarche que M. Boursaut pourrait trouver téméraire, car les faibles ressources dont je peux disposer, ne sont rien auprès de la dot qui doit appartenir à sa fille ; je ne le sens que trop, il me faut renoncer à toute espérance. Aussi le jour n'est pas éloigné où je quitterai Paris et même la France pour aller sur un sol étranger chercher le repos et l'oubli.

» Je voulus combattre une semblable résolution, j'essayai inutilement de ranimer sa force d'ame. « Oh! Arthur, lui dis-je, tu ne quitteras pas ton vieux père, et pourquoi donc t'abandonner ainsi au découragement? Tu es jeune, énergique et l'avenir t'appartient, je voudrais au prix de tous les sacrifices te donner ces richesses que tu ambitionnes. » Mes paroles ne produisirent aucun effet sur lui; il ne releva point sa tête abattue, ses yeux restèrent mornes et sans éclat. Je savais qu'à son âge on se résigne difficilement à supporter le poids de la douleur; je craignis qu'il n'adoptât sur-le-champ un parti extrême; aussi, pour l'arracher à son abattement, je commis une faute impardonnable, je lui parlai de jouer à la Bourse; je lui rappelai le souvenir de différentes personnes que d'heureux hasards avaient ainsi enrichies rapidement.

» Son regard s'éclaira. « J'y avais songé

déjà, me dit-il, je savais que je pouvais tout attendre de votre dévouement ; mais pour rien au monde je n'eusse voulu, mon bon père, vous demander d'exposer une partie de ce qué vous possédez. « Ce vague espoir avait ranimé mon fils ; c'était là tout mon désir, aussi mes réflexions ne furent-elles pas longues ; je n'hésitai point à exposer pour lui ma modeste fortune.

» Je réunis à la hâte les capitaux que je pus réaliser ; je les lui fis parvenir ; puis, rempli d'inquiétudes et d'anxiété, j'attendis le résultat de ses efforts. Quelques mois s'écoulèrent, pendant lesquels il m'écrivit plusieurs lettres, qui portèrent tour à tour la confiance et l'effroi dans mon cœur. La chance lui fut d'abord assez favorable ; le succès couronna ses premiers essais, et il eut alors des moments de joie, d'enivrement, mais un jour enfin, je reçus une révélation foudroyante. Arthur, encouragé par sa réussite, était devenu plus audacieux ; il avait voulu réaliser des gains plus considérables, et il avait imprudemment aventuré les ressources que j'avais mises à sa disposition ;

cette fois la fortune lui avait été contraire ;
il avait tout perdu, et même contracté des
dettes qu'il se voyait dans l'impossibilité
d'acquitter ; aussi son désespoir était au
comble, et les termes de sa lettre révélaient
assez le désordre qui régnait dans son esprit.
Je connaissais l'ame ardente d'Arthur ; je
savais que j'avais tout à craindre de sa douleur ; une pensée jeta surtout en moi l'épouvante ; ce fut l'idée qu'il aurait peut-être recours au suicide, pour échapper à l'existence.

» Aussi je me hâtai de lui répondre en lui
disant : « Courage, cher Arthur, ne te laisse
point abattre par des sonffrances momenta-
nées ; le mal est réparable, et je saurai bien
te procurer des ressources qui te permettront
de remplir tes engagements, et peut-être
même de réaliser tes plus beaux rêves. »

» J'ignorais moi-même comment il me
serait possible de remplir ma promesse, mais
je n'avais songé qu'à prévenir les funestes
conséquences que pouvait avoir le désespoir
de mon fils. Vous devez vous rappeler,
Adrien, que je jouissais dans le village d'une
grande réputation d'intégrité, et en effet,

pendant plus de quarante années de ma vie, je n'ai pas eu un acte d'indélicatesse à me reprocher. Madame Blinval avait en moi une confiance absolue, et d'ailleurs la faiblesse de son caractère donnait un grand empire sur elle à tous ceux qui l'approchaient. Pendant le cours de vos études, elle avait pourtant toujours fermé l'oreille aux représentations que je lui faisais sur le genre d'éducation qu'elle vous donnait, et que je trouvais blâmable et dangereux. Lorsque la maladie eut affaibli ses forces, lorsqu'elle vit s'approcher le terme de sa vie, elle s'entretint souvent de vous avec moi, elle exhala en ma présence les regrets qu'elle éprouvait à la pensée de vous laisser seul dans la vie, elle me laissa voir ses inquiétudes, ses alarmes. C'était précisément dans le moment où j'éprouvais pour Arthur de si cruelles angoisses ; aussi une idée infâme traversa mon esprit, je la repoussai d'abord ; mais l'image de mon fils pâle et désespéré se dressait devant moi, et reniant tout mon passé d'honneur, de loyauté, je voulus à tout prix lui donner la fortune qu'il ambitionnait.

» Un jour donc, que je me trouvais avec madame Blinval, et qu'elle me parlait de vous avec une anxieuse sollicitude, me conjurant d'être après sa mort votre guide et votre protecteur, je lui répondis : « Ah ! madame, j'espère que vos funestes pressentiments ne se réaliseront pas, mais enfin si vous deviez nous être bientôt enlevée, je comprends les craintes que pourrait vous inspirer l'avenir d'Adrien. Son éducation n'en a point fait un homme ; vous avez voulu le conserver auprès de vous, et vous avez réussi à le soustraire à toute mauvaise influence ; mais il ignore les choses de la vie, il a conservé l'inexpérience de la plus tendre jeunesse. Il n'a pas même l'idée des passions mauvaises, qui agitent parfois le cœur des hommes ; aussi sera-t-il la dupe du premier intrigant qui voudra surprendre sa confiance. Par cela même qu'il n'a goûté qu'une vie paisible et retirée, il deviendra peut-être plus accessible à la séduction ; or vous n'ignorez pas quel piége peut rencontrer dans le monde un jeune homme riche, indépendant et d'un caractère exalté comme l'est Adrien.

» — Je vous comprends, reprit madame Blinval avec accablement, hélas ! j'ai tant aimé ce cher enfant, j'ai voulu sauvegarder sa vertu, lui faire une existence douce, facile, et peut-être ma tendresse trop vive lui sera-t-elle funeste, peut-être se corrompra-t-il au milieu d'une société perverse d'autant plus dangereuse pour lui qu'il ignore la ruse et l'artifice. Que d'appréhensions s'éveillent dans mon ame ! n'est-il donc pas un moyen de réparer le passé ? éclairez-moi, Monsieur, vous en qui j'ai toujours trouvé un ami si fidèle.

» — Madame, repris-je, Adrien est gâté par le bonheur ; il lui faudrait, pour acquérir de l'énergie, de la maturité, gravir les âpres et rudes sentiers de l'adversité ; il lui faudrait être jeté dans la vie sans fortune, et obligé de se faire une position par lui-même. Lui, riche, il sera entouré de complaisants, d'adulateurs, qui égareront sa raison ; s'il était pauvre, les hommes se révèleraient bien vite à lui avec leur sécheresse de cœur, leur égoïsme, leurs bassesses : c'est là une connaissance pénible à acquérir, mais qu'il importe de posséder. Et tenez, il me vient une pensée si étrange, que ma vieille amitié me décide seule à vous la communiquer. Instituez-moi par votre testament votre légataire universel ; si, par malheur, votre dernière heure vient à sonner, je recueillerai votre fortune, mais ce sera entre mes mains un dépôt sacré, et vous connaissez assez mon austère probité pour n'en point douter. Adrien se trouvera ainsi dans la situation où tout à l'heure je le supposais placé ; il en souffrira d'abord, mais je le connais ; il comprendra la nécessité de recourir au travail, et des idées sérieuses germeront vite dans son esprit. Je veillerai sur lui sans qu'il le sache, et quand je jugerai l'épreuve suffisante, quand il se sera retrempé par d'énergiques efforts, quand il possèdera une volonté mâle et ferme, je viendrai vers lui, je lui révèlerai la convention faite entre vous et moi, et je le remettrai en possession de votre héritage. Il usera des richesses avec discernement, avec modération, car il aura appris à en connaître la valeur, et il aura acquis à ses dépens l'expérience de la vie.

» Ma proposition peut vous paraître singulière, mais vous avez foi, n'est-ce pas, dans ma loyauté, et vous pouvez être certaine que je prendrais des mesures pour que votre fortune retournât immédiatement à Adrien dans le cas où la mort me frapperait moi-même avant que je la lui eusse restituée.

» Madame Blinval parut vivement impressionnée par le langage que je venais de lui tenir : « Monsieur, me dit-elle avec dignité, ma confiance en vous est entière, car je vous sais le meilleur et le plus loyal des hommes ; j'ai foi aussi dans vos lumières et dans votre sagesse , mais ce qui m'effraie dans votre plan, c'est la pensée de la déception cruelle qu'éprouverait Adrien, c'est l'idée des jours de souffrances qu'il aurait à traverser, vous connaissez mon attachement pour lui, j'ai toujours regardé Adrien comme un fils et comme un fils bien-aimé. »

» Elle parut réfléchir quelques instants ; un violent combat se livrait dans l'ame de cette pieuse et noble femme. Enfin elle me tendit la main : « Monsieur, me dit-elle, c'en est fait, je suivrai votre conseil, mais, je vous en supplie, vous ne prolongerez pas trop longtemps l'épreuve de mon Adrien, et vous irez vers lui si vous voyez qu'elle surpasse ses forces et son courage; » puis, elle ajouta en levant les mains vers le Ciel : « O mon Dieu! vous le voyez, mes intentions sont pures, daignez les bénir, et faites que mon fils adoptif ne fasse qu'un bon emploi des richesses qui seront un jour entre ses mains.» C'en était fait; j'avais donc atteint mon but, je pouvais réaliser les promesses faites à Arthur, car il était facile de prévoir que madame Blinval n'avait plus longtemps à vivre; et pourtant, loin de jouir de mon succès, je me sentais en proie à la plus vive agitation en m'éloignant de cette femme dont l'ame était si pure, si généreuse que la défiance n'y avait point accès.

» Dix jours plus tard, madame Blinval avait rendu le dernier soupir. Vous savez le reste, Adrien. Ses dispositions testamentaires étaient en ma faveur; je pouvais disposer de sa fortune sans qu'il vous fût possible de la réclamer, et quoi qu'il m'en coûtât pour trahir une promesse faite solennellement à une mourante, je ne crus pas acheter trop cher au prix d'une semblable infamie le bonheur de mon fils. La justice humaine ne pouvait m'atteindre ; j'oubliai un moment qu'il est un Juge suprême qui connaît les fautes les plus cachées, et fait tomber tôt ou tard sur le coupable de terribles châtiments. Ce ne fut pas toutefois, sans de longs et douloureux combats que l'instinct du mal triompha dans mon cœur ; une seule pensée put me faire tout oublier, c'était celle du malheur de mon fils.

« Entraîné par ma tendresse, je me décidai à lui écrire que l'héritage de madame Blinval venait de m'échoir en partage, sans l'initier toutefois au secret de la convention suprême faite entre elle et moi, car je suis certain que s'il en avait eu connaissance, il aurait refusé ma proposition avec énergie. C'est pour mon fils seul que j'avais ambitionné la fortune de votre tante, et pourtant je ne m'arrêtai pas à l'idée de la lui abandonner tout entière ; on eût dit que je voulais me laisser la possibilité de la réparation que j'accomplis aujourd'hui. Toutefois, si je n'en mis qu'une partie à sa disposition, il n'en résultait pas moins un grand changement dans sa situation ; non-seulement il se trouvait à la tête d'un capital assez considérable; mais, en sa qualité de fils unique, il avait la perspective de recueillir une belle succession dans un temps plus ou moins éloigné. Cette fois, il n'hésita plus à exposer ses vœux à son patron ; celui-ci les accueillit favorablement; je reçus bientôt la nouvelle qu'Arthur allait devenir l'heureux époux de mademoiselle Clarisse Boursaut; il m'annonçait en même temps que le riche financier devait se retirer des affaires, et lui céder sa maison de banque.

» Mon fils était radieux, enivré; il n'osait croire à tant de félicité; pour moi j'étais partagé entre les sentiments les plus divers. Je n'osais arrêter ma pensée sur vous, mon pauvre Adrien, aussi est-ce avec une véritable satisfaction que je vous vis partir de Lucival; je voulus effacer de mon esprit jusqu'à votre souvenir, et voilà pourquoi je ne vins point à votre secours, je ne cherchai point à savoir ce que vous étiez devenu.

» Ce n'est point impunément qu'on viole les lois de l'honneur et du devoir; aussi à

peine mis en possession de la fortune de madame Blinval, je sentis la voix du remords
s'élever dans mon cœur, et pourtant je savais
Arthur au comble de tous ses vœux. Il se
voyait riche, considéré, heureux dans ses
affections; il faisait régner le luxe autour de
lui, et il jouissait de tous les plaisirs que
procure l'opulence.

» Un an environ après son mariage la
naissance d'un fils vint achever de porter la
joie dans son cœur. Arthur m'invitait souvent
à me rendre chez lui; j'acceptai plusieurs fois
ses invitations, et en voyant la vie douce et
fortunée qui était son partage, je me laissais
aller parfois à oublier mes importuns souvenirs; c'étaient là des moments rapides et
passagers. J'éprouvais bientôt le désir de
regagner ma solitude, et je passais la plus
grande partie de ma vie à Lucival dans un
appartement de cette maison, où je croyais
voir apparaître l'ombre pâle et menaçante de
cette pauvre madame Blinval, dont j'avais si
odieusement trahi la confiance.

» Je vivais dans la retraite, et chaque
année je mettais en réserve la plus grande

partie de mon revenu. Je me livrai même à
des spéculations industrielles qui réussirent
au delà de mes désirs. La passion de l'or
s'était emparée de moi ; je désirais sans
cesse augmenter ma fortune, non pour en
jouir, mais pour la laisser plus brillante à
mon fils ; tout en grossissant mes trésors je
me sentais bien malheureux. Mon humeur
sombre et farouche avait éloigné de moi tous
les habitants du village ; ils ne me regar-
daient qu'avec une sorte d'effroi.

» Plus d'une fois, je sentis le désir de vous
revoir, de vous restituer la fortune de madame Blinval ; mais je me demandais avec
épouvante ce que vous étiez devenu ; je crai-
gnais d'apprendre que vous aviez succombé
misérablement aux souffrances de la misère,
et, de peur d'augmenter mes remords, j'hé-
sitais à soulever le voile qui me cachait
votre destinée. Le temps, au lieu d'imposer
silence à la voix de ma conscience, semblait la rendre plus douloureuse, peut-être y
aurais-je résisté longtemps encore, si une
catastrophe terrible ne m'avait ouvert les
yeux, ne m'avait déterminé à braver toutes

les souffrances, toutes les humiliations, pour
réparer le mal que j'ai fait.

» Il y a deux mois environ, je reçus la nouvelle foudroyante que mon fils n'était plus; je
vis dans ce coup fatal un châtiment de la Providence, car les richesses tant ambitionnées
par lui, avaient été l'instrument de sa perte.
Arthur aimait à réunir de beaux chevaux
dans ses écuries ; un jour qu'il se promenait
au bois de Boulogne dans un tilbury conduit
par un cheval vif, alerte, peu accoutumé au
frein, celui-ci, effrayé par un obstacle imprévu, bondit, se cabra. Mon fils voulut s'élancer
pour le retenir, mais il tomba si malheureu-
ment que sa tête se heurta contre un tronc
d'arbre. On le releva sanglant, inanimé ; on
se hâta de le reporter dans sa demeure ; tous
les soins qu'on lui prodigua furent inutiles ;
la blessure était mortelle ; c'est à peine s'il
recouvra quelques moments de connaissance
pour adresser ses adieux à sa jeune femme et
à son fils.

» Peu d'heures après ce fatal accident, il
avait rendu le dernier soupir, et j'en reçus
bientôt l'affreuse nouvelle.

» Je ne sais comment je pus supporter un semblable coup. Eh quoi! il était descendu dans la tombe, lui si plein de jeunesse, de force et d'avenir; je ne devais plus le revoir ce cher Arthur, à qui j'avais tout immolé, tout sacrifié jusqu'à ma propre estime, jusqu'au repos de ma vie.

» J'avais beau porter mes regards autour de moi, nulle part je ne trouvais d'allégement à ma douleur. Je levai alors les yeux vers Dieu, que j'avais pris à tâche d'oublier depuis que j'étais devenu criminel; depuis ce jour maudit, j'étais resté étranger aux cérémonies de la religion, j'avais fui le temple où retentissait la parole divine, qui eût été pour moi un supplice et une menace.

» Me voyant seul et abandonné de tous, en face du désespoir, j'allai me jeter aux pieds d'un des ministres de Dieu; je lui avouai mon infamie; je murmurai des paroles de douleur et de repentir.

» Il ne me repoussa point; il me releva sans me maudire, et me parla de la miséricorde de son divin Maître, du pardon qu'il

accorde au coupable humilié et repentant;
mais il me fit aussi sentir l'obligation que
j'avais à remplir envers celui que j'avais
dépouillé.

» C'était mon vœu le plus ardent que de
me dessaisir de richesses si indignement
acquises. Je n'épargnai donc aucune démarche pour parvenir à vous découvrir;
mes recherches se dirigèrent bientôt vers
Paris; aussitôt que je fus parvenu à connaître
votre adresse, je priai M. Girard de vous
engager à vous rendre sur-le-champ à Lucival; je vous remercie d'avoir répondu à son
appel; j'avais hâte de vous voir, de vous
faire l'aveu de ma faute.

» Une portion de l'héritage de votre tante
n'est plus en ma possession; elle en a été
détachée en faveur de mon fils; mais ma
restitution n'en sera pas moins complète,
entière; grâce aux gains considérables que
j'ai réalisés, ma fortune actuelle se trouve
être supérieure même à celle que j'ai reçue
de madame Blinval.

» Maintenant que vous savez tout, acca-
blez-moi, si vous le voulez, d'injures et d'ou-

trages; je sens que je mérite votre haine et votre mépris. »

Adrien restait froid et immobile; il avait certes de graves sujets de mécontentement contre cet homme qui avait si indignement trahi la confiance de madame Blinval, et à qui il devait les souffrances qui avaient si tristement marqué les années de sa jeunesse; mais la pitié parlait bien haut dans son cœur, à l'aspect de ce vieillard dont l'attitude exprimait un désespoir si déchirant, dont le visage altéré révélait les cruelles agitations de son ame. Aussi, ne trouva-t-il pas une parole d'indignation à lui adresser; il n'éprouvait que du dégoût pour cet homme qui avait commis une action si lâche; il avait hâte de s'éloigner de lui, et des sensations trop douloureuses, trop pénibles l'assiégeaient pour qu'il pût s'abandonner à la joie, que devait faire naître dans son ame la pensée de l'avenir inespéré qui s'offrait à lui.

— Monsieur, dit-il au vieillard, je vous pardonne le mal que vous m'avez fait; je n'éprouve aucun ressentiment contre vous, et je souhaite que cette pensée vous rende moins amers les jours que vous avez encore à passer sur la terre.

Après avoir prononcé ces mots d'une voix grave et triste, Adrien se leva et s'éloigna.

Il fut heureux quand il se retrouva dans une modeste chambre de l'auberge du village, où il pouvait du moins se laisser aller en liberté à toutes ses réflexions, et certes, la journée qui venait de s'écouler, avait été marquée par des incidents assez bizarres, assez inattendus pour qu'il y eût une étrange confusion dans ses idées.

Le soir était venu ; mais il ne sentait nul besoin de nourriture, et il était trop agité pour songer à se livrer au sommeil.

Il ouvrit sa fenêtre, et s'y accouda en silence, aspirant l'air pur et frais dont le souffle venait rafraîchir sa tête brûlante. La nuit était belle et calme ; la lune répandait sa limpide clarté sur les maisons du village, où tout semblait déjà plongé dans le repos et l'immobilité. Ses regards s'arrêtèrent bientôt sur l'habitation de madame Blinval, sur cette demeure qui avait abrité autrefois une existence si calme, si sereine, qui l'avait vu grandir heureux, insouciant, et qui depuis dix ans déjà était l'asile d'un malheureux coupable dévoré par les tortures du remords.

Il resta quelque temps absorbé dans cette muette contemplation ; puis il promena un œil ému sur tous ces lieux si féconds pour lui en souvenirs, et cette vue augmenta encore la surexcitation à laquelle il se trouvait en proie.

Son émotion était si vive, qu'il éprouva bientôt le besoin de s'épancher dans un cœur ami. Sa pensée se reporta alors vers Elise, vers les êtres chéris qui tenaient une si grande place dans son cœur, et qui lui avaient fait aimer la vie dans ces heures de douloureuses angoisses, où tout semblait se réunir pour l'accabler, pour lui inspirer le dégoût de l'existence.

Il résolut d'écrire à sa compagne, de lui faire connaître sur-le-champ les singulières révélations qu'il venait d'entendre ; il se mit à tracer les lignes suivantes :

« Chère Elise, je viens t'apprendre des choses si étranges qu'elles jetteront dans ton esprit la plus profonde surprise. Un changement immense va s'opérer dans notre situation ; nous allons goûter à notre tour les douceurs de l'aisance et vivre dans une complète indépendance. Ce n'est point là une chimère, une illusion, et tu vas bientôt tout comprendre.

» J'ai reçu aujourd'hui les aveux d'un homme bien coupable et bien malheureux ; ce n'est qu'à l'aide de la plus odieuse supercherie que M. Cauvert avait recueilli l'héritage de madame Blinval ; il paraît que ma tante n'a pas cessé d'avoir pour moi, jusqu'à son dernier soupir, la tendresse et la sollicitude d'une mère.

» Celui qui l'avait si lâchement trompée a été loin de goûter le bonheur ; le remords est venu pour lui, douloureux, implacable, et, après avoir possédé pendant dix ans ces richesses si indignement acquises, M. Cauvert a résolu de réparer son crime et de remettre entre mes mains l'héritage de ma tante.

» Si je suis heureux de voir la fortune me sourire, c'est en songeant à toi, ma bonne Elise, si sereine et si courageuse dans l'adversité, c'est en songeant à nos enfants qui pourront participer aux bienfaits d'une éducation soignée, auxquels il nous sera possible de procurer une existence facile et agréable.

» La Providence conduit tout ici-bas avec une sagesse admirable ; ainsi M. Cauvert a été bien coupable envers moi, et pourtant cet acte si lâche, si odieux aura une heureuse influence sur ma destinée tout entière.

» Si à la mort de ma tante j'eusse été mis en possession de sa fortune, je l'aurais peut-être dissipée dans de folles prodigalités, car j'ignorais la valeur de l'argent, et à coup sûr, je n'aurais pas connu les douceurs de cette affection si désintéressée dont tu m'as donné tant de preuves, et qui m'a fait goûter des jouissances qu'au sein de l'opulence j'eusse sans doute ignorées à jamais.

» Maintenant les richesses ont du prix pour moi, qui me suis trouvé aux prises avec les difficultés de la vie, elles en ont surtout puisqu'elles me permettront d'embellir les jours d'une compagne qui m'est si chère, et qui a déjà traversé de si pénibles, de si douloureuses épreuves.

» Quand nous connaîtrons la valeur des biens qui vont m'être restitués, il sera temps encore de décider quel sera notre genre d'existence et quel lieu nous adopterons pour notre résidence ; mais déjà je forme mille projets qui me sourient et me ravissent. Je m'abandonne à l'idée de couler nos jours sur les bords de l'Indre, au milieu des bons habitants de Lucival. Je te vois d'ici, recueillant partout des témoignages d'amour, de respect, et régnant en souveraine dans ce petit domaine ainsi qu'autrefois mon excellente tante, et faisant un véritable Eden de cette demeure naguère si belle, si riante et maintenant morne et désolée.

» Je vois aussi Adrienne et Jeanne folâtrant gaiement sur les pelouses fleuries, au milieu des bosquets parfumés, et tressaillant de joie à l'aspect des vastes jardins, des belles prairies, où elles pourront donner un libre champ à leur activité.

» Ce sont là de si doux rêves que je crains parfois de les voir s'évanouir ; il me tarde d'être auprès de toi, ma bonne Elise, n'es-tu pas mon guide, ma conseillère ? toi seule sais trouver des paroles pour contenir dans de justes limites mon imagination qui s'égare, pour ramener le calme et la paix dans mon esprit. Je le sens aux transports qui s'emparent de moi, j'ai besoin de toi pour m'aider à porter le poids de la joie, comme tu as porté avec moi celui du malheur.

» J'ai hâte de me retrouver à tes côtés; aussi je regagnerai Paris aussitôt que cela sera possible; à bientôt donc, embrasse nos chères enfants pour moi, et reçois encore une fois l'expresssion de ma vive et profonde tendresse. » Adrien DOLBAR. »

Ce fut avec des larmes dans les yeux qu'Elise parcourut cette lettre; ce qui l'impressionnait surtout, c'était la chaleureuse assurance donnée par Adrien que le changement survenu dans sa situation n'avait en rien altéré l'attachement qu'il lui portait; elle n'en pouvait douter, son époux devenu riche ne regrettait nullement de s'être uni à une jeune fille pauvre et sans aucune espérance de fortune; elle était heureuse de trouver dans son cœur des sentiments si délicats, si généreux.

Peu de jours après, M. Dolbar était de retour à Paris; outre une somme d'argent assez considérable, il rapportait un acte en bonne forme qui le reconnaissait propriétaire de plusieurs fermes importantes, et de la maison occupée autrefois par madame Blinval.

Elise n'hésita point un instant à se rendre aux désirs d'Adrien, il fut convenu que toute la famille irait s'établir à Lucival. Toutefois, les deux époux ne pouvaient réaliser immédiatement ce projet ; quelques semaines leur étaient au moins nécessaires pour accomplir tous leurs préparatifs.

La prospérité ne rendait pas Adrien ingrat, et, en renonçant à son emploi, il ne manqua pas d'exprimer à M. Leynard la profonde reconnaissance qu'il éprouvait pour la bienveillance que celui-ci lui avait constamment témoignée.

Cependant M. Cauvert avait écrit à sa belle-fille une longue lettre, où il lui expliquait la faute dont il s'était rendu coupable, et la réparation qu'il avait accomplie. Le premier mouvement de la jeune femme avait

été un violent accès de colère et d'indignation; si M. Cauvert se fût trouvé en sa présence, il n'eût point rencontré en elle la
modération dont Adrien avait fait preuve,
elle ne lui aurait pas épargné les reproches
ni les outrages.

Elle souffrait à l'idée de voir son enfant
privé de cette riche succession qu'elle espérait lui voir recueillir un jour; puis bientôt
une autre préoccupation l'absorba tout entière; c'était la pensée du déshonneur qui
allait rejaillir sur son fils et sur elle-même,
si la conduite odieuse de M. Cauvert était
connue. Elle tremblait que M. Dolbar n'eût
recours à un procès pour essayer de recouvrer cette portion de l'héritage de madame
Blinval, qui avait été mise entre les mains
d'Arthur Cauvert; elle n'ignorait pas que ce
serait là pour le public, une occasion d'in-
terprétations malignes; elle se disait avec
effroi que plus tard, lorsque son fils serait
devenu homme, chacun pourrait lui jeter à
la face une sanglante injure, et lui reprocher la déloyauté de son aïeul.

Dans sa perplexité, elle résolut d'aller

trouver M. Dolbar lui-même pour savoir ce qu'elle devrait craindre ou espérer ; c'était là une démarche qui coûtait beaucoup à son orgueil, mais elle voulait à tout prix mettre un terme à ses alarmes.

Quand elle se présenta au logement occupé par monsieur et madame Dolbar, Elise se trouvait seule ; elle la considéra d'abord avec surprise ; elle avait peine à se rappeler en quelle occasion elle s'était trouvée en présence de madame Cauvert que ses vêtements de deuil rendaient vraiment méconnaissable.

Celle-ci ne la laissa pas longtemps dans l'incertitude, elle se fit bientôt connaître à elle, et lui exposa d'une voix émue les angoisses maternelles qui remplissaient son cœur.

Les rôles étaient donc intervertis, Elise voyait devant elle, éperdue, humiliée, cette même femme qui l'avait traitée autrefois avec tant de hauteur et de mépris. Toutefois son ame était trop noble pour que le désir de la vengeance y eût accès; loin de faire aucune allusion à l'accueil qu'elle avait reçu naguère de madame Cauvert, elle lui fit la promesse

que son mari et elle, garderaient fidèlement
le secret des révélations faites par le malheureux coupable ; elle lui donna l'assurance
que la tranquillité de sa vie ne serait point
troublée.

Lorsque la jeune femme s'éloigna de madame Dolbar, son visage était redevenu calme,
serein, et elle se sentait vivement touchée
de la générosité dont l'épouse d'Adrien avait
fait preuve.

Quand Elise fit part à madame Fréval du
changement qui allait s'opérer dans son existence, celle-ci manifesta un mélange de tristesse et de joie ; elle était trop pénétrée de
la reconnaissance qu'elle devait à Elise,
pour ne pas s'associer à son bonheur ; mais
d'un autre côté, c'était pour elle une pensée
bien amère que celle de la distance qui allait
la séparer de cette excellente amie, dont les
conseils avaient eu sur elle une si heureuse
influence. Il lui semblait qu'abandonnée à
ses propres inspirations, elle n'aurait plus
la même force pour marcher dans cette voie
qu'Elise lui avait tracée, et où elle la soutenait par ses exemples.

Madame Dolbar essaya d'adoucir ses regrets en lui promettant qu'elles se réuniraient souvent, et que pendant les moments où elles se trouveraient éloignées, un fréquent échange de lettres apporterait un remède aux ennuis de la séparation, et empêcherait les deux jeunes femmes de devenir étrangères l'une à l'autre. Claire connaissait assez son amie pour savoir que les faveurs de la fortune ne changeraient point son cœur.

Elise n'oubliait pas non plus madame Gervilly, et ne voulut point quitter Paris sans aller la voir ; grand fut l'étonnement de Pauline en apprenant qu'un héritage imprévu allait éloigner d'elle madame Dolbar, et la placer dans une situation toute différente de celle où elle avait vécu jusqu'alors. Ce fut avec un sentiment pénible qu'elle apprit qu'il lui fallait renoncer à ses entrevues avec Elise ; elle avait besoin encore d'entendre les douces et consolantes paroles de son amie, car elle était souvent en proie à une vive agitation.

Si, après avoir cru un moment à un mal-

heur affreux, elle avait appris avec ivresse
que son père existait encore, elle était bientôt retombée dans le découragement, car
une circonstance particulière avait rendu
plus ardente sa jalousie contre sa belle-mère.

Elle avait eu sous les yeux une lettre
écrite par le colonel à une de ses tantes, dans
laquelle il faisait un complet éloge de ses
deux plus jeunes filles :

— Je retrouve en elles, disait-il, la bonté
touchante et la sensibilité de leur mère.

Madame Gervilly avait parcouru ces lignes
avec douleur, et, quelque désir qu'elle éprouvât de se rapprocher de son père, elle se sentait moins disposée que jamais à tendre une
main amie à madame Darcy.

Elle laissa voir à Elise tout ce qui se
passait dans son cœur, et lorsque madame
Dolbar la quitta, elle avait pris la résolution
de faire une nouvelle tentative pour rendre
à son amie le calme, la paix de l'ame et la
tendresse de son père.

Elle avait appris qu'en l'absence de son
mari, madame Darcy occupait une petite
habitation à Saint-Germain, elle résolut de

s'y rendre et de lui parler avec une entière franchise. Plus d'une fois déjà elle en avait eu la pensée; mais son humble position lui inspirait une réserve qui l'avait empêchée de réaliser son désir.

Quoiqu'elle connût l'épouse du colonel simple et bonne, elle craignait que cette dame ne fût point flattée qu'Elise vînt lui rappeler leurs anciennes relations, elle qui, pour vivre, avait recours au travail de ses mains. Cet obstacle n'existait plus; Elise était désormais placée dans une tout autre situation; elle se sentait plus de confiance pour accomplir une telle démarche, et, sans bien se rendre compte elle-même de la manière dont elle s'y prendrait, elle se rendit un jour à Saint-Germain avec Adrienne et Jeanne.

Il ne lui fut pas difficile de connaître la demeure de madame Darcy, et elle fut bientôt introduite en sa présence.

Celle-ci la reçut avec son urbanité ordinaire, mais sans savoir d'abord en présence de qui elle se trouvait, car bien des années déjà s'étaient écoulées depuis le jour où elle avait vu Elise pour la dernière fois, et elle cherchait vainement à se rappeler quel souvenir lui retraçait les traits de la jeune femme.

— Madame, lui dit Elise en souriant, je ne vous suis point tout à fait inconnue; j'ai eu déjà le plaisir de vous voir. J'ai été autrefois l'amie de pension de madame Gervilly, et j'ai conservé un souvenir bien doux de l'accueil empressé et affectueux que j'ai reçu autrefois au sein de votre excellente famille.

— Votre physionomie ne m'était point étrangère ; je me rappelle maintenant.... n'êtes-vous pas mademoiselle Elise Merfeuil?

— Elle-même, madame, mais je porte aujourd'hui le nom de madame Dolbar.

— Vous étiez l'amie de ma belle-fille, et je n'ignore pas que vous vous montriez constamment pour elle un guide éclairé et dévoué.

— Le temps n'a pas brisé nos relations, et c'est pour vous parler d'elle que je suis venue vers vous. Je dois vous dire qu'elle ne m'en a nullement chargée; cette démarche est due à ma seule initiative; c'est donc à moi seule que vous devez vous en prendre si vous la trouvez indiscrète.

— Oh ! madame, y songez-vous? c'est pour moi un véritable plaisir que de vous recevoir; j'ai regretté souvent de ne plus jouir de votre société; mais ce sont les circonstances qui nous ont séparées. Nous avons quitté Paris peu de temps après le mariage de Pauline, et, lorsque nous y sommes rentrées, j'ignorais absolument ce que vous étiez devenue. Vous connaissez sans doute la rupture qui a éclaté entre madame Gervilly et moi.

— Oui, madame, et je voulais précisément vous en entretenir; elle en souffre vivement, je lui ai vu verser des larmes bien amères, et je suis convaincue qu'elle donnerait beaucoup pour se rapprocher de vous, pour recouvrer les bonnes grâces de son père; mais je ne sais quelle mauvaise honte l'arrête et l'empêche de vous faire des avances que, j'en suis certaine, vous ne repousseriez pas.

— Non, sans doute, car je suis vivement affectée de cet état de choses ; j'interroge souvent ma conscience pour me demander si je n'ai rien à me reprocher envers elle; mais j'ai toujours eu à son égard les sentiments d'une parfaite bienveillance, et je crois n'avoir aucun reproche à m'adresser.

— J'en ai la conviction, madame, et c'est là un déplorable malentendu que je voudrais voir disparaître; aussi je viens vous prier de me seconder dans les efforts que je ferai pour cela; je ne vous demanderai aucune démarche contraire à votre dignité; mais, s'il se présente une occasion favorable pour opérer une réconciliation, je vous supplierai de ne point la repousser.

— Je vous donne l'assurance que je la saisirai au contraire avec empressement, répondit madame Darcy; il en a coûté beaucoup à mon mari pour ne témoigner à sa fille qu'une complète indifférence, et cette mésintelligence est pour moi un sujet de douleur et de regret.

La conversation se prolongea encore quelque temps sur les tristes résultats de l'obstination de Pauline; puis madame Darcy parla de la joie qu'éprouveraient ses deux filles à revoir Elise. Elle s'éloigna et revint bientôt accompagnée d'Hélène et d'Amélie. Ce fut avec étonnement que madame Dolbar retrouva ainsi transformées les aimables enfants qu'elle avait connues autrefois. Amélie n'avait ni la grâce ni la beauté de sa sœur, mais sa physionomie n'était pas dépourvue de charmes, et elle possédait aussi une réelle bonté de cœur, une aimable et touchante modestie.

Les deux jeunes filles témoignèrent à la visiteuse un affectueux empressement, et prodiguèrent leurs caresses à Adrienne et à Jeanne.

Madame Dolbar et madame Darcy avaient une analogie de goûts, de sentiments, qui devait donner du charme à leurs rapports; aussi, quand elles se séparèrent, c'était avec la promesse de se revoir, et Elise emportait la conviction qu'elle réussirait dans l'œuvre qu'elle avait entreprise.

XVI

CONCLUSION.

Quelques semaines plus tard, le rêve formé
par Adrien était devenu une réalité; la famille Dolbar était installée dans la maison de
madame Blinval qui, grâce aux soins d'Elise,
était redevenue un séjour agréable et riant.

On était alors en plein été; la nature avait
revêtu un aspect joyeux et animé; de toutes
parts les plus charmants panoramas se dé-
roulaient aux regards. Les arbustes des bosquets exhalaient leurs doux parfums; les
arbres du jardin se courbaient sous leur
parure de cerises fraîches et vermeilles; les

épis dorés qui couvraient les champs s'inclinaient mollement au souffle du zéphyr ; les oiseaux faisaient entendre leurs ravissants concerts ; tout enfin respirait le mouvement et la vie.

Aussi comme Adrienne et Jeanne s'ébattaient gaiement, surprises et charmées d'avoir tant d'espace à parcourir, de si beaux tapis de gazon à fouler aux pieds.

Adrien souriait à la vue de leurs transports, et il jouissait vivement aussi, en se retrouvant dans cette contrée, qui lui était devenue plus chère encore depuis qu'il avait vécu au milieu du tumulte et de l'agitation d'une grande ville. Quant à Elise, il lui semblait ne pouvoir désirer rien de plus sur la terre ; elle voyait le bonheur rayonner sur le front de ceux qui l'entouraient ; elle se trouvait dans une situation où il lui était facile de soulager bien des infortunes, de satisfaire les penchants généreux de son cœur ; n'était-ce point là un sort digne d'envie ?

Quoique tout parût sourire à Elise, elle n'oubliait pas pour cela ses deux amies ; elle ne tarda pas à engager madame Fréval à venir passer quelque temps auprès d'elle, et ce fut avec empressement que celle-ci se rendit à Lucival. Fanny et Léonie l'accompagnèrent, enchantées toutes deux de revoir madame Dolbar et leurs petites compagnes.

Pour rendre la réunion complète, Elise adressa à Pauline la même invitation, et bientôt les trois anciennes élèves de madame Delmond se trouvèrent encore une fois réunies. Le temps s'écoulait pour elles de la manière la plus agréable; c'étaient chaque jour de nouvelles excursions dans les environs, et une gaieté douce et franche présidait toujours à leurs réunions. Grâce aux ressources de son esprit, Elise savait apporter de la variété dans ses discours, tout en bannissant de la conversation les railleries, les remarques piquantes et les allusions malignes.

Un nuage voilait toujours le front de Pauline; son père était de retour en France, et, malgré le désir qu'elle éprouvait de le revoir, elle n'avait fait aucune tentative pour se rapprocher de lui, retenue qu'elle était par son orgueil et par son animosité contre sa belle-mère.

Depuis son entrevue avec madame Darcy, Elise avait échangé plusieurs lettres avec elle, et bientôt elle apprit que le colonel venait de se rendre avec sa famille à Châteaudun son pays natal, où il devait séjourner pendant quelques mois pour se reposer de ses fatigues. Elle résolut de profiter de cette circonstance pour ménager une réconciliation entre le père et la fille.

Sans faire part de ses projets à Pauline, elle adressa à monsieur et à madame Darcy de pressantes instances pour les engager à venir lui consacrer quelques jours. Elle avait mis l'épouse du colonel dans sa confidence, persuadée que celle-ci saisirait avec empressement l'occasion de faire cesser une mésintelligence qui l'affligeait depuis longtemps.

En effet madame Darcy, tout en laissant ignorer à son époux la présence de Pauline, usa de toute son influence sur lui pour le déterminer à accepter l'invitation qui lui était faite, et bientôt Elise reçut avec une vive satisfaction l'assurance qu'elle ne tarderait pas à recevoir celui dont elle désirait si ardemment la présence.

Le jour où devait avoir lieu l'arrivée de la famille Darcy, Adrien partit dès le matin pour la ville afin d'aller à sa rencontre. Elise proposa à ses deux amies une jolie excursion dans le voisinage, elle leur exprima le regret qu'elle éprouvait de ne pouvoir les accompagner, prétextant des occupations indispensables qui la retenaient au logis.

Claire et Pauline ne voulaient pas priver les enfants du plaisir de la promenade, et, par le plus beau temps du monde, elles se mirent en route avec les quatre petites filles qui folâtraient gaiement devant elles, et se livraient au plaisir de la course avec toute l'ardeur de leur âge.

Après leur départ, madame Dolbar s'occupa à donner quelques ordres; puis elle monta sur le balcon, interrogeant du regard les ondulations de la route. Son attente ne fut pas longue; elle vit bientôt paraître la voiture dans laquelle Adrien était parti le matin, et qui ramenait monsieur et madame Darcy, accompagnés de leurs deux filles.

Elise se hâta de descendre, attendit les

voyageurs sur le perron et les accueillit avec une grâce charmante.

Toutefois, elle n'était pas sans éprouver quelque inquiétude sur le résultat de sa tentative ; aussi quand elle le put, elle s'approcha de madame Darcy, et, lui parlant à voix basse, elle essaya de pressentir les dispositions du colonel.

— Ah ! lui répondit celle-ci, j'ai le plus vif désir que vos généreux efforts soient couronnés de succès ; mais je n'ose l'espérer, et je crains même que notre rencontre ici n'aggrave encore les choses. Mon mari est irrité de l'obstination que Pauline a montrée ; il ne parle d'elle qu'avec beaucoup d'aigreur ; s'il lui adresse un reproche, elle en sera irritée, et leur entrevue ne servira peut-être qu'à rendre tout rapprochement impossible.

— J'ai meilleur espoir, reprit doucement Elise ; il y a des sentiments que rien ne peut effacer ; quand le père et la fille se reverront, quelque chose parlera à leur cœur, et une force irrésistible les attirera l'un vers l'autre.

Madame Dolbar venait d'introduire les nouveaux arrivés dans un vaste salon donnant sur le jardin ; lorsque Claire et Pauline rentrèrent de la promenade, toutes deux étaient gaies, souriantes, et se trouvaient dans une disposition d'esprit des plus favorables. Elles ne tardèrent pas à venir s'installer dans la salle à manger, où la famille se réunissait d'ordinaire, et qui était contiguë au salon où se trouvaient monsieur et madame Darcy.

Le moment décisif approchait ; Elise était émue, tremblante ; elle se rappelait avec effroi les paroles de l'épouse du colonel, et suppliait le Ciel de bénir ses efforts.

Tandis qu'elle se demandait comment parvenir à mettre en présence le père et la fille, elle entendit Pauline pousser une vive exclamation ; la jeune femme avait distingué une voix qui l'avait fait tressaillir, car c'était celle de son père. Toutefois, elle ne songea pas un moment qu'il pût être si près d'elle, et elle se crut le jouet d'une illusion.

— Quels visiteurs avez-vous donc là ? dit-elle à Elise qui entrait en ce moment ; figurez qu'il me semblait avoir reconnu la voix de mon père.

— Et s'il était là réellement, répondit madame Dolbar, ne sentiriez-vous pas votre cœur s'attendrir? n'éprouveriez-vous pas le désir de vous élancer vers lui?

— Oh! certes, oui! dit tristement madame Gervilly; mais pourquoi réveiller en moi de telles pensées? je sais qu'il est loin de nous, et je n'oublie pas qu'il est dominé par une funeste influence qui éteint l'affection qu'il avait autrefois pour sa fille. Dieu sait quand il me sera donné de le revoir!

— Il y a parfois dans la vie de singuliers hasards, reprit Elise d'un air mystérieux; venez, je vous en prie, suivez-moi.

Pauline s'élança à la suite d'Elise, et pénétra dans le salon. Son étonnement fut extrême en apercevant madame Darcy et ses filles, en revoyant son père bruni par le soleil d'Afrique, vieilli par les travaux et les fatigues de la guerre.

La surprise du colonel à l'aspect de sa fille ne fut pas moins grande; il se leva précipitamment d'un air irrité et mécontent.

Madame Dolbar s'avança vers lui, et d'un accent irrésistible :

— Monsieur, lui dit-elle, vous ne repous-

serez pas votre fille, qui souffre de votre
froideur, qui vous supplie de lui rendre votre
affection d'autrefois.

Pauline ne fit pas un mouvement; une
expression fière et dédaigneuse se peignit
sur sa physionomie.

— Qu'est-ce que cela signifie? murmura le
colonel; pourquoi n'ai-je point été prévenu?

— C'est à moi seule qu'il faut en attribuer
la faute, reprit vivement Elise; madame Gervilly ne soupçonnait pas même que vous dus-
siez vous trouver ici, mais elle m'avait fait
ses confidences, je savais avec quelle ardeur
elle désirait recouvrer vos bonnes grâces, et
voilà pourquoi j'ai voulu opérer un rapprochement entre vous; je vous en conjure, ne soyez
pas inflexible.

— Ah! madame, reprit le colonel toujours
calme et impassible, j'aurais depuis longtemps rendu à Pauline toute ma tendresse, si
elle n'avait montré une si coupable obstination. Tout est fini entre nous, à moins qu'elle
ne consente d'abord à reconnaître ses torts
envers madame Darcy, dont elle a payé les
bontés par l'ingratitude et l'outrage.

L'épouse du colonel s'avança vers lui :

— De grâce, mon ami, lui dit-elle, oubliez le passé, c'est moi qui vous en supplie, ouvrez les bras à votre fille, et vous aurez exaucé le plus ardent de tous mes vœux.

Entraînées par le noble exemple de leur mère, Hélène et Amélie se joignirent à elle, et firent entendre leurs voix suppliantes :

— Mon bon père, s'écria la plus jeune, vous m'avez promis de récompenser mes progrès par l'objet qui me plairait davantage; vous vouliez même me donner une belle montre d'or; ah! au lieu de tout autre présent, je vous demande de nous rendre notre sœur aînée.

Il est des spectacles qui remuent, attendrissent l'ame la plus insensible, et certes, il était difficile de ne point se sentir ému à la vue de madame Darcy et de ses deux filles, plaidant si chaleureusement la cause de celle qui s'était montrée constamment hostile envers elles.

L'orgueil de madame Gervilly n'y put résister; elle fondit en larmes et fit un pas vers son père. Hélène la prit par la main, et la

conduisit auprès de M. Darcy qui était lui-
même en proie à la plus vive émotion ; par
un mouvement spontané et irréfléchi, le père
et la fille se trouvèrent bientôt dans les bras
l'un de l'autre.

Comme Pauline savourait avec ivresse le
bonheur de recevoir les caresses paternelles !
toute arrière-pensée de haine et de jalousie
s'était évanouie de son cœur; elle s'abandonnait à des sentiments pleins de charme et de
douceur. Elise jouissait délicieusement à la
vue du résultat de ses efforts; toutefois elle
ne tarda pas à se retirer avec son mari, car
elle comprenait que les membres de la famille
Darcy devaient désirer de se trouver seuls,
après une réconciliation qui succédait à de si
longues années de mésintelligence.

Tout le monde se réunit pour le repas du
soir, et le reste de la journée s'écoula au sein
d'une douce et franche gaieté. Pauline était
placée à côté de son père; elle se plaisait à
porter ses regards sur le mâle visage du colonel. Celui-ci était heureux aussi d'avoir
retrouvé sa fille, car ce n'est pas sans en
souffrir profondément qu'il lui avait ainsi

fermé son cœur. Madame Darcy et ses deux filles s'associaient sincèrement à son bonheur; c'était pour elles une satisfaction véritable que de voir l'union, la concorde rétablie au sein de leur famille.

Madame Fréval n'était point étrangère à ce qui se passait autour d'elle; le spectacle qu'elle avait sous les yeux lui rappelait la bienfaisante influence que madame Dolbar avait eue sur sa propre destinée, elle sentait des larmes mouiller ses yeux, et elle se disait à elle-même :

— Elise a donc été notre bon ange, notre providence à toutes deux. Sans elle, j'aurais traîné une misérable existence; je ne pourrais, comme je le fais en ce moment, reposer mon regard avec bonheur, avec orgueil, sur mes deux enfants. Si j'avais persévéré dans la voie funeste où je m'étais engagée, elles auraient un compte sévère à me demander, et n'éprouveraient pour moi qu'un sentiment de mépris. C'est Elise qui m'a rendue digne de l'affection de mon époux et de mes filles, c'est elle qui m'a fait comprendre où se trouve la véritable félicité, et aujourd'hui encore, c'est à elle que Pauline doit ce moment qui comptera assurément parmi les plus beaux de sa vie. Désormais, c'est auprès de cette généreuse amie que je puiserai toutes mes inspirations.

Claire disait vrai ; elle avait dit adieu pour toujours à ses goûts mondains et frivoles ; elle mit tous ses soins à faire oublier à M. Fréval les torts qu'elle avait eus envers lui, et à prémunir ses filles contre les entraînements qui avaient failli la perdre elle-même. Aussi ne négligea-t-elle rien pour leur donner une bonne et solide éducation, pour leur inspirer une piété sincère et véritable.

Quant à Pauline, elle avait joui trop vivement en recouvrant la tendresse de son père, pour s'exposer à la perdre de nouveau. D'ailleurs, elle avait apprécié la noblesse et l'élévation du caractère de madame Darcy. Aussi, dès ce moment, elle se montra animée des meilleures dispositions à l'égard de sa belle-mère et de ses enfants. Privée qu'elle était du bonheur d'être mère, elle s'en consola en suivant avec intérêt dans la vie ses deux sœurs et son jeune frère dont l'affection et la reconnaissance répandirent un grand charme sur son existence.

Au sein de la richèsse, Elise resta telle qu'elle s'était montrée dans l'adversité, et, loin de chercher à briller par l'éclat du luxe, elle voulut faire un emploi plus noble de son superflu. Aussi, pas une maison du village où l'on ne prononçât son nom, quand le malheur venait s'asseoir au foyer. C'est que non-seulement elle disposait volontiers de son or en faveur du pauvre que visitait la maladie ou d'une famille infortunée que la mort avait privée de son soutien ; mais sa sensibilité si vive lui inspirait pour toutes les souffrances des consolations touchantes et efficaces, en même temps que sa raison droite et éclairée lui dictait de sages conseils qui portaient presque toujours leurs fruits.

Souvent Elise dirigeait ses pas vers une petite habitation solitaire d'un aspect triste et sombre ; c'était là que M. Cauvert terminait misérablement une existence vouée depuis si longtemps aux plus amers regrets. Toute consolation humaine lui était refusée ; il ne lui était pas même donné de revoir l'enfant de ce fils qu'il avait tant aimé, car sa belle-fille avait brisé toute relation avec lui, et n'eût pas même voulu entendre prononcer son nom.

Adrien avait gardé fidèlement le secret qu'Elise avait promis ; et dans le village on s'était perdu en conjectures sur les causes de la détermination de M. Cauvert ; ses allures étranges et mystérieuses avaient fait peu à peu soupçonner qu'elles n'avaient rien d'honorable pour lui ; aussi était-il l'objet de la réprobation générale.

Lorsqu'Elise paraissait dans son humble demeure, c'était pour lui comme une vision céleste et consolante, qui ramenait pour un moment la paix dans son ame brisée par la souffrance et le remords.

Quand arriva le jour suprême que Dieu avait marqué pour être le dernier de son existence, Adrien et sa compagne se trouvèrent à son chevet, et au moment où il allait paraître devant le souverain Juge, son regard mourant cherchait encore celui du neveu de madame Blinval et semblait implorer son pardon.

Quelques mois plus tard, une modeste tombe placée dans le cimetière du village, marqua l'endroit où reposaient les restes de M. Cauvert. Parfois Elise et son époux venaient pieusement s'y agenouiller, et pour quiconque aurait connu les différentes circonstances du drame dans lequel M. Cauvert avait joué un rôle si odieux, c'eût été assurément un spectable touchant que celui de M. Dolbar ainsi prosterné, offrant sa prière à Dieu pour le malheureux coupable.

Le pardon des offenses n'est-il pas le plus beau, le plus sublime des préceptes que la religion dicte à l'homme?

La générosité d'Adrien et d'Elise devait trouver ici-bas sa récompense, dès lors leur vie ne compta que de beaux et paisibles jours. Adrienne et Jeanne, douées des qualités les plus attachantes et parées des grâces charmantes de leur âge, grandirent sous les yeux de leurs parents, répondant à leurs soins, à leur tendresse, par une reconnaissance et une affection profondes.

Les années ne purent enlever à Elise cette expression de douceur et de bonté qui faisait

le charme de sa physionomie, mais en apercevant cette femme si simple, si modeste,
bien des gens n'eussent pas songé qu'elle
était digne d'attirer l'attention ; car elle ne
s'était distinguée ni par des actions d'éclat, ni
par des talents exceptionnels, et cependant,
pour l'observateur attentif qui eût médité les
événements de son existence, il y avait certes
matière à des réflexions profondes. N'avait-
elle pas prouvé une fois de plus, par son
exemple, l'influence que peut exercer autour
d'elle dans toutes les situations de la vie,
une femme qui a le sentiment de ses devoirs
et le courage nécessaire pour les accomplir?

FIN.

TABLE.

Tournai, typ. H. Casterman.